LOS *Cinco* LENGUAJES DEL AMOR

Cómo expresar devoción sincera a su cónyuge

GARY CHAPMAN

EDITORIAL UNILIT

SEPA
Spanish
Evangelical
Publishers
Association

Publicado por
Editorial Unilit
Miami, Fl. 33172
Derechos reservados

Primera edición 1996

© 1992 por Moody Bible Institute
Publicado en inglés con el título de:
The Five Love Languages por Moody Press
Chicago, Illinois 60610-3284

Traducido al español por: Guillermo Vazquez

Citas bíblicas tomadas de: La Santa Biblia, Revisión 1960
© Sociedades Bíblicas Unidas.
Usada con permiso.

Producto 495325
ISBN 0-7899-1163-9
Impreso en Colombia

A Karolyn,

Shelley y Derek

❦

Contenido

Reconocimiento

El amor comienza, o debe comenzar, en el hogar. Para mí eso significa Sam y Grace, papá y mamá, quienes me han amado por más de cincuenta años. Sin ellos, todavía estaría buscando amor en vez de escribir sobre él.

El hogar también significa Karolyn, con quien he estado casado por más de treinta años. Si todas las mujeres amaran como ella lo hace, pocos hombres estarían buscando más allá de la cerca.

Shelley y Derek están ahora fuera del nido explorando nuevos mundos, pero me siento seguro del calor de su amor. Me siento bendecido y estoy agradecido.

Estoy en deuda con muchos profesionales que han influido en mi concepto del amor. Entre ellos están los siquiatras Ross Campbell, Judson Swihart, y Scott Peck. Por la ayuda editorial estoy en deuda con Debbie Barr y Cathy Peterson. La experiencia técnica de Tricia Kube y Don Schmidt hizo posible que pudiera entregar a tiempo el material para la publicación.

Finalmente, y lo más importante, quiero expresar mi gratitud a los cientos de parejas que, en los últimos veinte años, han compartido el lado íntimo de sus vidas conmigo. Este libro es un tributo a su rectitud.

❦

CAPÍTULO UNO

¿Qué le pasa al amor después de la boda?

A treinta mil pies de altura, en algún lugar entre Buffalo y Dallas, puso su revista en el bolsillo de su asiento, se volvió hacia mí y me preguntó:

—¿En qué trabaja usted?

—Hago consejería matrimonial y dirijo seminarios para el enriquecimiento del matrimonio —dije prosaicamente.

—Siempre he querido preguntar esto a alguien —dijo—. ¿Qué pasa con el amor después que uno se casa?

Renunciando a mis esperanzas de echar una siesta, le dije:

—¿Qué quiere decir?

—Bueno —dijo—. He estado casado tres veces, y cada vez era maravilloso antes de que nos casáramos, pero de alguna manera después de la boda todo se derrumbaba. Todo el amor que pensaba que tenía hacia ella y el amor que ella parecía tenerme se esfumaba. Soy una persona medianamente inteligente, dirijo un buen negocio, pero no lo entiendo.

—¿Por cuánto tiempo ha estado casado? —le pregunté.

—La primera vez más o menos diez años. La segunda vez estuvimos casados tres años, y la última casi seis.

—¿Su amor se esfumaba inmediatamente después de la boda, o era una pérdida gradual? —inquirí.

—Bueno, la segunda vez todo fue mal desde el principio. No sé lo que pasó. En realidad pensaba que nos amábamos, pero la luna de miel fue un desastre y nunca nos recuperamos. Nos conocimos solamente seis meses. Fue un romance rápido. ¡Fue verdaderamente emocionante! Pero después del matrimonio fue una batalla desde el principio.

—En mi primer matrimonio tuvimos tres o cuatro años antes de que naciera el niño. Después que el niño nació, ella le dio toda su atención, y yo ya no le importaba. Era como si su única meta en la vida hubiera sido tener un niño; después de eso ya no me necesitaba más.

—¿Le dijo eso a ella? —pregunté.

—Oh, sí. Me dijo que estaba loco. Me dijo que no entendía lo que significaba ser una enfermera veinte y cuatro horas diarias. Me dijo que debería ser más comprensivo y ayudarla más. Procuré hacerlo, pero parece que no causó ninguna diferencia en nuestra relación. Después de eso nos fuimos apartando cada vez más. Luego de un tiempo ya no había nada de amor, solamente muerte. Los dos convinimos en que el matrimonio se había terminado .... ¿Mi último matrimonio? En realidad pensé que ese hubiera sido diferente. Había estado divorciado por tres años. Tuvimos un noviazgo de dos años. Realmente creí que sabíamos lo que estábamos haciendo y pensé que tal vez, por primera vez, conocía lo que significaba amar a alguien. Creí sinceramente que ella me amaba. Después de la boda, no creo que cambié. Continué demostrándole mi amor como antes del matrimonio. Le decía cuán hermosa era, cuánto la amaba, que estaba orgulloso de ser su esposo, etcétera. Pero pocos meses después del matrimonio comenzó a quejarse. Al comienzo por pequeñas cosas, como el no sacar la basura o no colgar mi ropa. Luego atacando mi carácter y diciéndome que no podía confiar en mí, acusándome de no serle fiel. Se volvió una persona totalmente negativa. Antes del matrimonio no era así. Era una de las personas más positivas que había conocido jamás. Eso era lo que más me atraía de ella. Nunca se quejaba de nada; todo lo que yo hacía era maravilloso, pero una vez que nos casamos nada me salía bien. Honestamente no sé qué pasó. Con el tiempo, perdí mi amor por ella y comencé a sentirme ofendido. Obviamente ella no me amaba. Reconocimos que no sacábamos nada viviendo juntos, así que nos separamos.... Eso fue hace un año. Mi pregunta es: ¿Qué pasa con el amor después de casarse? ¿Es mi experiencia normal? ¿Es por eso que tenemos tantos divorcios en nuestro país? No puedo creer que me haya sucedido tres veces. Y los que no se divorcian, ¿aprenden a vivir sin amor, o es que el amor en verdad permanece vivo en algunos matrimonios? Y si es así, ¿Cómo hacen?

Las preguntas que me hacía mi compañero de viaje, sentado en el asiento 5A, son las preguntas que miles de personas casadas y divorciadas se hacen hoy en día. Algunos preguntan a los amigos, otros a los consejeros y a los clérigos, y otros se preguntan a sí mismos. A veces las respuestas son dadas en la jerga de la investigación sicológica, lo cual es casi incomprensible. Otras veces se expresan de manera humorística y folclórica. La mayoría de las bromas y de las frases de condolencia tienen algo de verdad, pero son como darle una aspirina a una persona que tiene cáncer.

El deseo de amor romántico en el matrimonio está profundamente enraizado en nuestra estructura sicológica. Casi todas las revistas populares tienen por lo menos un artículo en cada número sobre cómo mantener vivo el amor en el matrimonio. Abundan los libros sobre el tema. Las charlas de radio y televisión tratan de eso. Mantener vivo el amor en nuestro matrimonio es un asunto muy serio.

Con todos los libros, revistas, y toda la ayuda disponible, ¿por qué es que tan pocas parejas parecen haber encontrado el secreto para mantener vivo el amor después de la boda? ¿Por qué es que una pareja puede asistir a un taller de comunicaciones, oír ideas maravillosas sobre cómo mejorar la comunicación, regresar a casa y encontrarse totalmente incapacitadas para poner en práctica los patrones de comunicación demostrados? ¿Cómo es que leemos el artículo de una revista sobre «Las 101 formas de expresar amor a su cónyuge», seleccionamos dos o tres de ellas que nos parecen especialmente buenas para nosotros, las probamos, y nuestro cónyuge ni siquiera reconoce nuestro esfuerzo? Renunciamos a las otras 98 formas y regresamos a la vida de costumbre.

Si queremos ser efectivos comunicadores de amor, debemos estar dispuestos a aprender el lenguaje amoroso más importante de nuestro cónyuge.

La respuesta a estas preguntas es el propósito de este libro. Esto no significa que los libros y artículos ya publicados no sean de valor. El problema es que hemos pasado por alto una verdad fundamental: las personas hablan diferentes lenguajes de amor.

En el área de la lingüística hay idiomas principales, tales como el japonés, chino, español, inglés, portugués, griego, alemán, francés, etcétera. La mayoría de nosotros crecimos aprendiendo el idioma de nuestros padres y parientes, el cual viene a ser nuestra primera y principal lengua, la nativa. Más tarde podemos aprender otros idiomas, pero por lo general con mucho esfuerzo. Estos vienen a ser nuestros idiomas secundarios. Hablamos y entendemos mejor nuestro idioma nativo; nos sentimos más cómodos hablando ese idioma. Mientras más usamos un idioma secundario, mejor nos sentiremos conversando en él. Si hablamos solamente nuestro idioma principal y nos encontramos con alguien que habla solamente su idioma principal, que es diferente del nuestro, nuestra comunicación será limitada. Debemos ayudarnos con señales, gruñidos, dibujos o representaciones de nuestras ideas. Podemos comunicarnos, pero es difícil. Las diferencias de idioma han separado y dividido a la cultura humana. Si queremos comunicarnos en forma efectiva entre las diferentes culturas, debemos aprender el idioma de aquellos con quienes deseamos comunicarnos.

En el área del amor es igual. Su lenguaje emocional amoroso y el lenguaje de su cónyuge pueden ser tan diferente como el chino del español. No importa cuánto se empeñe en expresar el amor en español, si su cónyuge entiende solamente chino nunca entenderán cómo amarse el uno al otro. Mi amigo en el avión hablaba el lenguaje de «Palabras de confirmación» a su tercera esposa, al decirle: «Le dije cuán hermosa era. Le dije que la amaba. Le dije cuán orgulloso estaba de ser su esposo.» El estaba hablando amor y era sincero, pero ella no entendía su lenguaje. Tal vez buscaba amor en su conducta y no lo encontraba. Ser sincero no es suficiente. Debemos aprender el lenguaje amoroso principal de nuestro cónyuge si queremos ser efectivos comunicadores de amor.

Mi conclusión, luego de veinte años de consejería matrimonial, es que hay básicamente cinco lenguajes amorosos; cinco maneras en que las personas hablan y entienden el amor. En el campo de la lingüística, un idioma puede tener diferentes dialectos o variaciones. Igualmente ocurre con los cinco lenguajes amorosos: hay muchos «dialectos». A eso se refieren los artículos de las revistas titulados: «10 maneras de que su esposa sepa que usted la ama», o «20 maneras de mantener a su hombre en el hogar», o «365 expresiones de amor marital». No hay 10, 20, ó 365 lenguajes amorosos básicos. En mi opinión hay solamente cinco. Sin embargo, como decíamos antes, puede haber numerosos dialectos. El número de formas para expresar el amor dentro de un lenguaje de amor, está limitado solamente por su imaginación. Lo que importa es hablar el lenguaje amoroso de su cónyuge.

Siempre hemos sabido que durante la infancia cada niño desarrolla patrones emocionales únicos. Algunos niños, por ejemplo, desarrollan un patrón de baja autoestima, mientras que otros crecen sintiéndose seguros. Algunos niños crecen sintiéndose amados, queridos y apreciados, sin embargo otros lo hacen sintiéndose no amados, no queridos, no apreciados.

Los niños que se sienten amados por sus padres y sus compañeros desarrollarán un lenguaje amoroso principal basado en su estructura emocional única y en la manera en que les expresaron amor sus padres y aquellas otras personas que eran importantes para ellos. Ellos hablarán y entenderán un lenguaje amoroso principal. Más tarde pueden aprender un segundo lenguaje amoroso, pero siempre se sentirán más cómodos con su lenguaje principal original. Los muchachos que no se sienten amados por sus padres y compañeros, también desarrollarán un lenguaje amoroso principal. Sin embargo será un tanto distorsionado, de la misma manera en que algunos niños pueden aprender muy poca gramática y no tener un vocabulario desarrollado. Esos escasos conocimientos no significan que no puedan ser buenos comunicadores, pero significa que tendrán que trabajar más diligentemente que aquellos que tuvieron un modelo más positivo. Igualmente, los niños que crecieron con un sentido poco desarrollado del amor también pueden sentirse amados y comunicar amor, pero tendrán que trabajar en ello más diligentemente que los que crecieron en una atmósfera de amor saludable.

Rara vez un esposo y una esposa tienen el mismo lenguaje amoroso principal. Tenemos la tendencia a hablar nuestro lenguaje amoroso principal, y nos confundimos cuando nuestro cónyuge no entiende lo que estamos comunicando. Queremos expresar nuestro amor pero el mensaje no llega, sencillamente porque hablamos lo que para ellos es un lenguaje «extranjero». Allí radica el problema fundamental, y el propósito de este libro es ofrecer una solución. Esa es la razón por la que me atrevo a escribir otro libro sobre el amor.

Una vez que descubramos los cinco lenguajes básicos del amor, y entendamos cuál es nuestro lenguaje amoroso principal —así como también el lenguaje amoroso principal de nuestro cónyuge— tendremos la información que necesitábamos para aplicar las ideas que encontramos en los libros y en los artículos.

Una vez que usted identifique y aprenda a hablar el lenguaje amoroso principal de su cónyuge, creo que habrá descubierto la clave para un matrimonio duradero y lleno de amor. El amor no necesita esfumarse después de la boda, pero para mantenerlo vivo, la mayoría de nosotros tendremos que esforzarnos para aprender un segundo lenguaje amoroso. No podemos contar solamente con nuestra lengua nativa si nuestro cónyuge no la entiende. Si queremos que él o ella sientan el amor que tratamos de comunicar, debemos expresarlo en su lenguaje amoroso principal.

CAPÍTULO DOS

Mantenga lleno el tanque del amor

Amor es la palabra más importante en el idioma español —y la menos entendida—. Muchos pensadores, tanto seculares como religiosos, están de acuerdo en que el amor juega un papel central en la vida. Se dice que «el amor es una cosa esplendorosa», y que «el amor hace girar al mundo». Miles de libros, canciones y películas están sazonadas de esta palabra. Numerosos sistemas filosóficos y teológicos dan un lugar prominente al amor. Y el fundador de la fe cristiana quiso que el amor sea una de las características distintivas de sus seguidores.[1]

Los sicólogos han llegado a la conclusión de que la necesidad de sentirse amado es una de las necesidades primarias del ser humano. Por amor podemos trepar las montañas, cruzar los mares, viajar por los desiertos llenos de arena y soportar dificultades inenarrables.

Sin amor, las montañas son inaccesibles, los mares son imposibles de cruzar, los desiertos son insoportables y las dificultades son lo más grave en nuestra vida. El apóstol cristiano a los gentiles, Pablo, exaltó el amor cuando enseñó que todas las realizaciones humanas que no están motivadas por el amor son, en definitiva, vacías. Él llegó a la conclusión de que en la última escena del drama humano, solamente tres características permanecerán: «la fe, la esperanza y el amor. Pero el más grande todos es el amor.»[2]

Si estamos de acuerdo en que la palabra *amor* satura la sociedad humana, tanto históricamente como en el presente, también debemos estar de acuerdo en que no es una palabra bien entendida. La usamos en miles de formas. Decimos: «Amo a los pájaros», y de inmediato: «Amo a mi madre». Amamos a los objetos, amamos a los animales, a la naturaleza, amamos a las personas, ¡y aun amamos al amor mismo!

Si no basta esa confusión, también usamos la palabra amor para explicar la conducta. «Hice eso porque la amaba». Esa explicación se da para toda clase de acciones. Un hombre está enredado en una relación adúltera y la llama «amor». El predicador, por otro lado, lo llama pecado. La esposa de un alcohólico soporta todas las consecuencias del último escándalo de su marido; ella lo llama «amor», pero el sicólogo lo llama codependencia. Los padres conceden todos los deseos del niño, llamándolo «amor». Pero el terapeuta familiar lo llama irresponsabilidad paternal. ¿Cómo se comporta el amor?

El propósito de este libro no es eliminar todas las confusiones alrededor de la palabra amor, sino más bien enseñar la clase de amor que es esencial para nuestra salud emocional. Los sicólogos infantiles dicen que cada niño tiene ciertas necesidades emocionales básicas que debemos llenar, si queremos que ese niño sea emocionalmente estable. Entre esas necesidades emocionales, ninguna es más básica que la de amor y afecto, y la necesidad de sentir que pertenece a alguien y es querido. Si tiene suficiente afecto, el niño llegará a ser un adulto responsable. Sin ese amor, él o ella serán emocional y socialmente retardados.

Me gustó la metáfora la primera vez que la oí: «Dentro de cada niño hay un "tanque emocional", el cual debe ser llenado de amor. Cuando un niño se siente verdaderamente amado crecerá normalmente, pero cuando el tanque de amor está vacío, el niño se comportará mal. Gran parte del mal comportamiento de los niños se debe a los anhelos de un "tanque de amor vacío"». Según lo dijera el doctor Ross Campbell, un siquiatra especializado en el tratamiento de niños y adolescentes.

Mientras escuchaba eso pensé en los cientos de padres que habían desfilado por mi oficina contándome las fechorías de sus hijos.

Nunca había visto un tanque de amor vacío dentro de esos niños, pero sí había visto las consecuencias que eso había producido. Su mal comportamiento era una búsqueda equivocada del amor que no sintieron. Estaban buscando amor en lugares equivocados y por caminos equivocados.

E*n el corazón de la existencia humana se encuentra el deseo de tener intimidad y de ser amado por otro. El matrimonio está diseñado para llenar esa necesidad de intimidad y amor.*

Recuerdo a Ashley, quien a los trece años de edad estaba siendo tratada de una enfermedad transmitida sexualmente. Sus padres estaban destrozados. Estaban enojados con Ashley, y se sentían mal con la escuela, a la que culpaban por enseñarle sobre el sexo.

«¿Por qué hizo eso?», se preguntaban.Cuando conversé con Ashley, ella me contó del divorcio de sus padres cuando tenía seis años.

—Pensé que mi padre se había ido porque no me amaba —dijo—. Cuando mi madre se volvió a casar yo tenía diez años y sentí que ella ya tenía alguien quien la amara, pero por mi parte todavía no tenía a nadie quien me amara a mí. Tenía mucha necesidad de que me amaran. Entonces conocí a este muchacho en la escuela. Era mayor que yo pero me gustaba. No lo podía creer. Era amable conmigo y en un momento realmente sentí que me amaba. No quería tener relaciones sexuales, pero quería sentirme amada.

El «tanque de amor» de Ashley había estado vacío por muchos años. Su madre y su padrastro habían provisto algunas de sus necesidades físicas, pero no se habían dado cuenta de la profunda lucha emocional que se libraba dentro de ella. Ciertamente amaban a Ashley y pensaban que ella sentía su amor. No fue sino hasta cuando ya era casi demasiado tarde, que descubrieron que no habían estado hablando el lenguaje de amor primario de Ashley.

La necesidad de amor, sin embargo, no es simplemente un fenómeno de la infancia. Esa necesidad continúa en la edad adulta y en el matrimonio. La experiencia de enamorarse llena temporalmente esa necesidad, pero es, inevitablemente, una «solución momentánea», y tal como aprenderemos más adelante tiene un lapso limitado y predecible en la vida. Cuando descendemos de la cima de la obsesión del enamoramiento, la necesidad de amor resurge porque es parte de nuestra naturaleza; está en el centro de nuestros deseos emocionales. Necesitamos amor antes de enamorarnos y lo necesitaremos mientras vivamos.

La necesidad de sentirse amado por el cónyuge está en el centro de los deseos maritales. Un hombre me dijo recientemente: «¿De qué sirven la casa, los automóviles, la playa y todo lo demás si tu esposa no te ama?»

¿Entiende lo que decía, realmente?: «Más que cualquier cosa, quiero que mi esposa me ame». Las cosas materiales no reemplazan al amor humano. Una esposa me decía: «Me ignora todo el día y luego quiere meterse en la cama conmigo. Detesto eso.» Ella no es una esposa que odia el sexo; es una esposa que ansía desesperadamente amor.

Algo en nuestra naturaleza clama por el amor de otro. La soledad es devastadora para la *psiquis* humana. Es por eso que el confinamiento solitario se considera como uno de los castigos más crueles. En el corazón de la existencia humana se encuentra el deseo de tener intimidad y de ser amado por otro. El matrimonio está diseñado para llenar esa necesidad de intimidad y amor. Por eso las antiguas Escrituras bíblicas se referían al esposo y a la esposa como «una sola carne». Eso no significaba que los individuos perderían su identidad; significaba que entrarían en la vida del otro, por lo que exhortaban tanto al esposo como a la esposa para que se amaran el uno al otro. Desde Platón hasta Peck, los escritores han hecho énfasis en la importancia del amor en el matrimonio.

Pero si el amor es importante, también es esquivo. He escuchado a muchas parejas contar su secreto dolor. Algunas vinieron a verme porque su dolor interior se había vuelto insoportable. Otras vinieron porque habían comprendido que sus patrones de conducta o el mal comportamiento de su cónyuge estaban destruyendo el matrimonio. Algunas vinieron simplemente para decirme que ya no querían continuar casados. Sus sueños de «vivir felices para siempre» se habían estrellado contra las duras paredes de la realidad. Una y otra vez he oído las palabras: «Nuestro amor se ha terminado, nuestra relación ha muerto. Nos sentíamos cerca pero ahora no. Ya no disfrutamos de estar el uno con el otro. No llenamos las necesidades del uno y del otro.» Sus historias dan testimonio de que los adultos, al igual que los niños, tienen también sus «tanques de amor».

¿Podría ser que en lo más profundo de estas parejas heridas exista un invisible «tanque de amor» con su medidor señalando que está vacío? ¿Podría ser que el mal comportamiento, el alejamiento, las palabras groseras y la crítica fueran el resultado de un tanque vacío? Si pudiéramos encontrar una manera de llenarlo, ¿podría renacer el matrimonio? Con un tanque lleno, ¿podrían las parejas crear un clima emocional en el que fuera posible tratar las diferencias y resolver los conflictos? ¿Podría ese tanque ser la clave que hiciera funcionar el matrimonio?

Esas preguntas me llevaron a hacer un largo viaje. En el camino descubrí los simples —pero poderosos— principios contenidos en este libro. El viaje me ha llevado no solamente a través de veinte años de consejería matrimonial, sino a los corazones y a las mentes de cientos de parejas a través de todos los Estados Unidos. Desde Seattle hasta Miami, las parejas me han invitado a las recámaras de sus matrimonios y hemos conversado con toda franqueza. Los ejemplos que hay en este libro están sacados de la vida real. Solamente los nombres y los lugares han sido cambiados para proteger la privacidad de aquellos individuos que han hablado con tanta libertad.

Estoy convencido de que mantener lleno el tanque del amor es tan importante para el matrimonio, como es mantener el nivel correcto del aceite para el automóvil. Manejar su matrimonio con un «tanque de amor» vacío puede ser mucho más grave que tratar de manejar su carro sin aceite. Lo que usted está leyendo tiene el potencial para salvar a miles de matrimonios y puede aun mejorar el clima emocional de un buen matrimonio. Cualquiera que sea la calidad de su matrimonio ahora, siempre puede ser mejor.

ADVERTENCIA: Entender los cinco lenguajes del amor y aprender a hablar el lenguaje principal de amor de su cónyuge puede afectar radicalmente la conducta de él o ella. Las personas se comportan en forma diferente cuando sus tanques del amor están llenos.

Antes que examinemos los cinco lenguajes del amor, sin embargo, debemos dirigirnos a un importante pero confuso fenómeno: la eufórica experiencia de «enamorarse».

NOTAS
1. Juan 13:35.
2. 1 Corintios 13:13.

CAPÍTULO TRES

El enamoramiento

Ella se presentó en mi oficina sin ninguna cita previa y preguntó a mi secretaria si podía verme por cinco minutos. Había conocido a Janice durante dieciocho años. Tenía treinta y seis, y nunca se había casado. Había estado con varios hombres, con uno por seis años, con otro por tres y con varios más por períodos cortos. De tiempo en tiempo me había pedido citas para tratar de alguna dificultad en particular con alguna de sus relaciones. Era por naturaleza una persona disciplinada, consciente, organizada, cuidadosa y afectuosa. Presentarse en mi oficina sin ser anunciada era algo que no estaba de acuerdo con su manera de ser. Pensé: *Debe estar en alguna crisis terrible para venir sin haber hecho una cita previamente.* Le dije a mi secretaria que la dejara pasar. Cuando entró esperé verla romper en llanto y contarme una trágica historia tan pronto se cerrara la puerta. En vez de eso, virtualmente se deslizó en mi oficina radiante de emoción.

—¿Cómo estás ahora Janice? —le pregunté.

—¡Maravillosamente bien! —me contestó—. ¡Nunca he estado mejor en mi vida. Me voy a casar!

—¿Verdad? —dije, revelando mi sorpresa—. ¿Con quién y cuándo?

—Con David Gallespie —exclamó—. En septiembre.

—Es emocionante. ¿Qué tiempo hace que lo conoces?

—Tres semanas. Sé que es una locura, doctor Chapman, después de todas las personas que he conocido y de todas las veces que he estado cerca de casarme. Yo misma no puedo creerlo, pero sé que David es el hombre para mí. Desde la primera cita lo supimos los dos. Por supuesto, no hablamos de esto la primera noche, pero una semana después él me propuso matrimonio. Sabía que me lo iba a proponer y sabía que le iba a decir que sí. Nunca me he sentido así antes, doctor Chapman. Usted conoce las relaciones que he tenido durante estos años y los conflictos que he sufrido. En cada relación fallaba algo. Nunca me sentí en paz pensando en casarme con alguno de ellos, pero sé que David es el hombre.

Janice se mecía en su silla riéndose entrecortadamente, mientras agregaba: —Sé que es una locura, pero estoy tan feliz... Nunca he sentido esta felicidad en mi vida.

¿Qué es lo que le había pasado a Janice? Se había enamorado. En su mente, David es el hombre más maravilloso que ella ha conocido jamás. Es perfecto en todo. Será el marido ideal. Ella piensa en él de día y de noche. El hecho de que David haya sido casado dos veces antes, que tenga tres hijos y que haya tenido tres empleos el año pasado, es algo trivial para Janice. Ella es feliz y está convencida de que va a ser feliz para siempre con David. Ella está enamorada.

La mayoría de nosotros entramos al matrimonio por el camino de esa experiencia de enamoramiento. Conocemos a alguien cuyas características físicas y rasgos de la personalidad producen suficiente choque eléctrico para activar nuestro «sistema amoroso de alarma». Suena la alarma y ponemos en acción el proceso de llegar a conocer a la persona. El primer paso puede ser compartir una hamburguesa o un bistec, dependiendo de nuestro presupuesto, pero nuestro verdadero interés no está en la comida. Estamos en una búsqueda para descubrir *el amor*. ¿Podría este sentimiento cálido y estremecedor que hay en mi interior, ser lo que busco?

A veces perdemos ese estremecimiento en la primera cita. Descubrimos que ella tiene costumbres que no te agradan, y el estremecimiento cambia en estupor; no queremos más hamburguesas con ella. Otras veces, sin embargo, los estremecimientos son más fuertes después de la hamburguesa que antes. Hacemos arreglos para unos cuantos momentos más «juntos», y pronto el nivel de intensidad ha aumentado hasta el punto en que nos encontramos diciendo: «Creo que me estoy enamorando». Con el tiempo estamos convencidos de que eso es «lo verdadero», y así se lo declaramos al otro, esperando que el sentimiento sea recíproco. Si no lo es, el asunto se enfría un poco, o redoblamos nuestros esfuerzos para impresionar, y con el tiempo ganamos el amor de la persona que amamos. Cuando es recíproco hablamos enseguida de matrimonio, porque todos están de acuerdo en que «estar enamorado» es la base fundamental para un buen matrimonio.

N*uestros sueños antes del matrimonio son de dicha conyugal... Es difícil creer otra cosa cuando estamos enamorados.*

En su apogeo, la experiencia de «estar enamorados» es eufórica. Estamos emocionalmente obsesionados el uno con el otro. Nos acostamos pensando en el otro. Cuando nos levantamos, esa persona es el primer pensamiento en nuestras mentes. Anhelamos estar juntos; pasar el tiempo juntos es como jugar en la antesala del cielo. Cuando nos tomamos de las manos, parece que nuestra sangre fluye unida. Podríamos besarnos eternamente si no tuviéramos que ir a la escuela o al trabajo. El abrazarnos nos hace soñar en el matrimonio y en el éxtasis.

La persona que está enamorada tiene la ilusión de que su amado o amada es perfecto. Su madre puede ver las imperfecciones que tiene, pero él no. Su madre le dice: «¿Querido, has pensado que ella ha estado bajo cuidado siquiátrico por cinco años?» Pero él replica: «Pero madre, déjame hablar. Eso fue hace tres meses ya». Sus amigos también pueden ver sus defectos, pero probablemente no le digan nada, a menos que él les pregunte, lo cual él no lo hará porque en su mente ella es perfecta y lo que otros piensen no le importa.

Nuestros sueños antes del matrimonio son de dicha conyugal: «Vamos a ser sumamente felices. Otras parejas pueden discutir y reñir, pero nosotros no. Nosotros nos amamos». Por supuesto, no somos tan ingenuos. Sabemos que con el tiempo habrá diferencias. Pero estamos seguros de que trataremos esas diferencias honestamente, uno de nosotros siempre tendrá que hacer concesiones y llegaremos a un acuerdo. Es difícil creer en otra cosa cuando se está enamorado. Hemos llegado a creer que si en verdad estamos enamorados, eso será para siempre, de que siempre tendremos esos maravillosos sentimientos que tenemos ahora. Nada puede interponerse jamás entre nosotros. Nada destruirá nuestro amor del uno para el otro. Estamos enamorados, y estamos cautivados por la belleza y el encanto de la personalidad del otro. Nuestro amor es lo más maravilloso que hemos experimentado. Vemos que otras parejas han perdido ese sentimiento, pero eso jamás nos sucederá a nosotros. *Tal vez ellos no tienen lo «verdadero»*, razonamos.

Desgraciadamente, pensar que la experiencia del enamoramiento es eterna no es más que ficción, no es la realidad. La doctora Dorothy Tennov, una sicóloga, ha hecho varios estudios sobre el fenómeno del enamoramiento. Después de estudiar montones de parejas, concluye que el promedio de duración de la obsesión romántica es de dos años. Si es una aventura amorosa secreta puede durar un poquito más. Sin embargo, con el tiempo todos bajaremos de las nubes y pondremos nuestros pies en la tierra otra vez. Tenemos los ojos abiertos y vemos las imperfecciones de la otra persona. Reconocemos que algunos de los rasgos de su personalidad son en verdad irritantes. Sus patrones de conducta son fastidiosos. Él ahora puede resentirse y enojarse, tal vez hasta tener palabras duras y críticas. Esos pequeños rasgos que pasamos por alto cuando estábamos enamorados, ahora son montañas gigantescas. Nos acordamos de las palabras de la madre y nos preguntamos: *¿Cómo pude haber sido tan tonto?*

Bienvenidos al mundo real del matrimonio, donde siempre hay cabellos en el lavabo y pequeñas manchas blancas sobre el espejo; donde se discute por la forma en que se gasta el papel higiénico y por si la tapa del inodoro debe estar abierta o cerrada. Es un mundo en donde los zapatos no caminan solos hasta el ropero y los cajones de la cómoda no se cierran por sí mismos, donde a las chaquetas no les gusta colgarse ni las medias se meten en la lavadora cuando está funcionando. En este mundo, una mirada puede herir y una palabra puede destrozar. Los amantes íntimos se convierten en enemigos, y el matrimonio es un campo de batalla.

¿Qué pasó con la experiencia del enamoramiento? Tal vez fue una ilusión que nos engañó para que firmáramos nuestros nombres sobre el formulario matrimonial, para bien o para mal. No se sorprendan de que tantos lleguen a maldecir el matrimonio y al cónyuge que una vez amaron. Después de todo, si fuimos engañados, tenemos el derecho de enojarnos. ¿Tuvimos realmente «lo verdadero»? Pienso que sí. El problema fue información errónea.

La mala información fue la idea de que la obsesión del enamoramiento duraría para siempre. Debíamos haber sabido mejor. Una observación fortuita nos hubiera enseñado que si las personas permanecieran obsesionadas, todos estaríamos en serias dificultades. Las ondas del impacto harían tambalear los negocios, la industria, la iglesia, la educación y el resto de la sociedad. ¿Por qué? Porque las personas que están enamoradas pierden interés en otros asuntos. Por eso lo llamamos «obsesión». El estudiante universitario que pone su cabeza sobre sus rodillas, enamorado, ve bajar sus calificaciones. Es difícil estudiar cuando se está enamorado. Mañana tienes un examen sobre la Guerra de 1812, pero ¿a quién le importa la Guerra de 1812? Cuando estás enamorado, todo lo demás parece sin importancia. Un hombre me dijo:

—Doctor Chapman, mi trabajo está desintegrándose.

—¿Qué quiere decir? —le pregunté.

—Conocí a esta muchacha, me enamoré, y no puedo hacer nada. No puedo concentrar mi mente en mi trabajo. Paso todo el día pensando en ella.

La euforia del enamoramiento nos da la ilusión de que tenemos una íntima relación. Sentimos que pertenecemos el uno al otro. Pensamos que podemos vencer todos los problemas. Nos sentimos altruistas hacia el otro. Como dijo un joven en relación con su enamorada: «No puedo concebir que yo haga nada que la pueda herir. Mi único deseo es hacerla feliz. Haría lo que quiera porque sea feliz». Tal obsesión nos da la falsa sensación de que nuestras actitudes egocéntricas han sido erradicadas y que hemos llegado a ser una especie de Madre Teresa, queriendo dar todo para el bien de la persona que amamos. La razón por la que hacemos eso con tanta libertad es porque estamos sinceramente convencidos de que la persona que amamos siente lo mismo hacia nosotros. Creemos que ella va a llenar nuestras necesidades, que él nos ama como lo amamos y que nunca hará nada que nos lastime.

Esà manera de pensar es poco realista. No es que no seamos sinceros en lo que pensamos y sentimos, sino que no somos realistas. No contamos con la realidad de la naturaleza humana. Somos egocéntricos por naturaleza; nuestro mundo gira alrededor nuestro. Ninguno de nosotros es totalmente altruista. La euforia de la experiencia del enamoramiento solamente nos da esa ilusión.

Una vez que la experiencia de enamorarse ha seguido su curso natural (recuerde que el promedio de duración del enamoramiento es de dos años), regresaremos al mundo de la realidad y volveremos a ser nosotros mismos. Él expresará sus deseos, pero sus deseos serán diferentes de los de ella. Él desea sexo pero ella está demasiado cansada. Él quiere comprar un auto nuevo, pero ella dice: «¡Eso es absurdo!» Ella quiere visitar a sus padres, pero él dice: «No me gusta pasar mucho tiempo con tu familia». Él quiere participar en el torneo de fútbol, y ella responde: «Amas al fútbol más que a mí». Poco a poco la ilusión de la intimidad se esfuma y los deseos individuales, emociones, pensamientos y patrones de conducta se ejercen solos. Ya son dos individuos. Sus mentes no se han fundido en una y sus emociones se han mezclado sólo brevemente en el océano del amor. Ahora las olas de la realidad comienzan a separarlos. Ya no se quieren, y en este punto quieren irse, separarse, divorciarse y proponerse a buscar una nueva experiencia de enamoramiento, o comenzar a trabajar arduamente para aprender a amarse el uno al otro sin la euforia de la obsesión del enamoramiento.

> La experiencia del enamoramiento no se centra en nuestro propio crecimiento ni en el crecimiento y desarrollo de la otra persona. Más bien nos da el sentido de que hemos llegado a un punto.

Algunos investigadores, entre ellos el siquiatra M. Scott Peck y la sicóloga Dorothy Tennov, han llegado a la conclusión de que a la experiencia del enamoramiento no debe llamarse «amor», después de todo. La doctora Tennov acuñó la palabra *limerance* para la experiencia del enamoramiento, para distinguir esa experiencia de lo que ella considera el verdadero amor. El doctor Peck concluye que la experiencia de enamorarse no es el verdadero amor por tres razones. Primero, enamorarse no es un acto de la voluntad o una decisión de la conciencia. No importa cuánto queramos enamorarnos, no podemos «hacer» que eso suceda. Por otro lado, podemos no estar buscando la experiencia cuando ésta nos sobreviene. A menudo, nos enamoramos en momentos inoportunos y de personas que no pensábamos.

Segundo, enamorarse no es el amor real porque es algo sin esfuerzo. Lo que quiera que hagamos en ese estado de enamoramiento requiere poca disciplina o esfuerzo consciente de nuestra parte. Las largas y costosas llamadas telefónicas que nos hacemos el uno al otro, el dinero que gastamos viajando para vernos el uno al otro, los regalos que nos damos, los proyectos de trabajo que hacemos, no significan nada para nosotros. Así como el instinto natural de un pájaro lo manda construir un nido, así el instinto natural de la experiencia del enamoramiento nos empuja a hacer cosas extravagantes y nada naturales del uno para con el otro.

Tercero, el que está enamorado no está genuinamente interesado en fomentar el crecimiento personal del otro. «Si tenemos algún propósito en mente cuando nos enamoramos es acabar con nuestra propia soledad y posiblemente asegurar este resultado por medio del matrimonio».[1] La experiencia del enamoramiento no se centra en nuestro propio crecimiento ni en el crecimiento ni desarrollo de la otra persona. Más bien nos da el sentido de que hemos llegado a un punto y que no necesitamos crecer más. Estamos en el apogeo de la felicidad de la vida y nuestro único deseo es permanecer allí. Ciertamente la persona amada no necesita crecer porque es perfecta. Simplemente esperamos que permanezca perfecta.

Si el enamorarse no es verdadero amor, entonces ¿qué es? El doctor Peck concluye que «es un componente instintivo, genéticamente determinado, de acoplamiento de la conducta. En otras palabras, la caída temporal de las fronteras del ego, que es lo que constituye enamorarse, una respuesta estereotipada de los seres humanos a una configuración del impulso sexual interno y el estímulo sexual externo, lo que sirve para incrementar la probabilidad de apareamiento sexual, a fin de asegurar la supervivencia de la especie».[2]

Sea que estemos o no de acuerdo con esa conclusión, los que nos hemos enamorado y hemos salido de esa condición probablemente estemos de acuerdo en que esa experiencia nos catapulta a la órbita emocional como ninguna otra cosa que hayamos experimentado. Trata de desengranar nuestra capacidad de razonamiento, y a menudo nos encontramos haciendo o diciendo cosas que nunca hubiéramos hecho o dicho en momentos más sobrios. En realidad, cuando descendemos de la obsesión emocional nos preguntamos a menudo por qué hicimos esas cosas. Cuando bajan las olas de la emoción y regresamos al mundo real donde nuestras diferencias se aclaran, cuántos de nosotros nos hemos preguntado: «¿Por qué nos casamos? ¡No nos ponemos de acuerdo en nada!» Sin embargo, en la cúspide del enamoramiento pensábamos que estábamos de acuerdo en todo —al menos en todo lo que era importante.

¿No significa eso que, habiendo caído en la trampa del matrimonio por la ilusión de estar enamorados, nos enfrentamos ahora con dos opciones: (1) estamos destinados a una vida de miseria con nuestro cónyuge, o (2) debemos saltar del barco y probar de nuevo? Nuestra generación ha optado por la última, mientras que la pasada generación a menudo escogía la primera. Antes de concluir automáticamente de que hemos hecho la mejor decisión, tal vez debamos examinar los datos. Al presente, en Estados Unidos 40% de los matrimonios casados en primeras nupcias terminan en divorcio. Sesenta por ciento de los realizados en segundas nupcias y 75% de aquellos realizados en terceras terminan de la misma manera. Aparentemente, la posibilidad de un matrimonio más feliz la segunda y la tercera vez no es muy remota.

Las investigaciones parecen demostrar que hay una tercera y mejor alternativa: podemos reconocer la experiencia del enamoramiento sencillamente por lo que es: una subida emocional temporal, y procurar encontrar el verdadero amor con nuestro cónyuge. Esta segunda clase de amor es emocional por naturaleza, pero no obsesivo. Es un amor que junta a la razón y a la emoción. Involucra un acto de la voluntad y requiere disciplina, mientras que reconoce la necesidad del crecimiento personal. Nuestra necesidad emocional más básica no es enamorarnos, sino ser verdaderamente amados por otro; conocer un amor que brota de la razón y de la decisión, no del instinto. Necesito ser amado por alguien que decida amarme, que vea en mí algo digno de amar.

Esa clase de amor requiere esfuerzo y disciplina. Es la decisión de emplear la energía en un esfuerzo que beneficie a la otra persona. Sabiendo que su vida será enriquecida por su esfuerzo, usted también encontrará un sentido de satisfacción: la satisfacción de haber amado verdaderamente a otro. Esto no requiere la euforia de la experiencia del enamoramiento. En realidad, la experiencia del verdadero amor no puede comenzar hasta que la experiencia del enamoramiento no haya seguido su curso.

> **E**l amor racional, volitivo, es la clase de amor al que los sabios siempre nos han llamado a ejercer.

No podemos atribuirnos el crédito por las cosas buenas y generosas que hacemos mientras estamos bajo la influencia de «la obsesión». Somos empujados y llevados por una fuerza instintiva que va más allá de nuestro comportamiento normal. Pero si una vez que volvemos al mundo real decidimos ser bondadosos y generosos, eso es amor verdadero.

La necesidad de amor debe ser llenada si queremos tener salud emocional. Los adultos casados ansían sentir el afecto y el amor de sus cónyuges. Nos sentimos seguros cuando nos convencemos de que nuestra pareja nos acepta, nos quiere y desea nuestro bienestar. Durante la etapa del enamoramiento, sentimos todas esas emociones. Estábamos en el cielo mientras duró. Nuestra equivocación fue pensar que duraría para siempre.

Pero esa obsesión no tenía que durar para siempre. En el libro de texto del matrimonio, eso no es sino la introducción. El corazón del libro es el amor racional, volitivo. Esa es la clase de amor al que los sabios siempre nos han llamado. Es intencional.

Son buenas noticias para los casados que han perdido todos sus sentimientos de enamoramiento. Si el amor es una decisión, entonces ellos tienen la capacidad de amar después de que la obsesión del enamoramiento ha muerto y de que han regresado al mundo real. Esa clase de amor comienza con una actitud, con una manera de pensar. El amor es esa actitud que dice: «Estoy casado contigo y decido cuidar de tus intereses». Luego, el que decide amar encontrará una manera de expresar esa decisión.

«Pero parece tan estéril...», pueden algunos decir, mientras agregan: «¿El amor es una actitud con una conducta apropiada? ¿Dónde están la lluvia de estrellas, los globos, las emociones profundas? ¿Dónde está el espíritu de expectación, el guiño del ojo, la electricidad de un beso, la excitación del sexo? ¿Qué pasa con la seguridad emocional de saber que soy el número uno en su mente?» Sobre eso trata este libro. ¿Cómo llenamos la necesidad profunda de sentirnos amados que cada uno de nosotros tenemos? Si podemos aprender eso y decidimos hacerlo, entonces el amor será emocionante, mucho más que todo el enamoramiento que hayamos sentido antes.

Por muchos años he hablado sobre los cinco lenguajes emocionales del amor en mis seminarios para matrimonio y en sesiones privadas de consejería. Miles de parejas pueden testificar sobre la validez de lo que usted va a leer. Mis archivos están llenos de cartas de personas a las que nunca he conocido, diciendo: «Un amigo me prestó uno de sus casetes sobre el lenguaje del amor y esto ha revolucionado nuestro matrimonio. Nos hemos esforzado por años para amarnos, pero nuestros esfuerzos nos han defraudado emocionalmente a cada uno. Ahora que estamos hablando los lenguajes apropiados del amor, el clima emocional de nuestro matrimonio ha mejorado radicalmente.»

Cuando el «tanque emocional del amor» de su cónyuge esté lleno y se sienta seguro de su amor, todo el mundo brillará y su cónyuge alcanzará su más alto potencial en la vida. Pero cuando el tanque del amor esté vacío y se sienta utilizado pero no amado, el mundo parecerá oscuro, y probablemente nunca alcanzará su potencial para lo bueno en el mundo. En los próximos cinco capítulos explicaré los cinco lenguajes emocionales del amor, luego en el Capítulo 9 enseñaré cómo el descubrir el lenguaje principal de amor de su cónyuge puede hacer que sus esfuerzos por el amor sean más productivos.

NOTAS
1. M. Scott Peck, *The Road Less Travelled* (New York: Simon & Schuster, 1978), pp. 89-90.
2. Ibid., p.90.

Los cinco lenguajes del amor

Palabras de afirmación

Tiempo de calidad
Recibiendo regalos
Actos de servicio
Toque físico

CAPÍTULO CUATRO

Lenguaje de amor #1: Palabras de afirmación

Mark Twain dijo una vez: «Puedo vivir dos meses con un buen cumplido». Si tomamos a Twain literalmente, seis cumplidos al año mantendrían el tanque emocional de amor en el nivel de operación. Su cónyuge probablemente necesitará más que eso.

Una manera de expresar amor es utilizar palabras que edifiquen. Salomón, el autor de la literatura de la antigua sabiduría hebrea, escribió: «La muerte y la vida están en poder de la lengua».[1] Muchas parejas nunca han conocido el tremendo poder de las palabras para confirmarse y afirmarse el uno al otro. Salomón dijo algo más: «La congoja en el corazón del hombre lo abate; mas la buena palabra lo alegra.»[2]

Los cumplidos verbales o las palabras de aprecio son poderosos comunicadores de amor. Se expresan mejor en afirmaciones directas y simples tales como:

«Te ves muy bien con ese vestido.»

«¡Siempre luces muy bonita con ese vestido! ¡Estás linda!»

«¡Eres la mejor cocinera del mundo! ¡Me encanta esta comida!»

«¡Gracias por lavar los platos esta noche! Quiero que sepas que lo aprecio mucho.»

«Estoy muy agradecida porque saques la basura.»

¿Qué pasaría con el ambiente emocional de un matrimonio si el esposo y la esposa oyeran tales palabras de afirmación regularmente?

Hace varios años estaba sentado en mi oficina con la puerta abierta. Una dama que entraba al pasillo me dijo:

—¿Tiene un minuto?

—Claro que sí. Entre.

Se sentó y me dijo:

—Doctor Chapman, tengo un problema. No consigo que mi esposo pinte nuestro dormitorio. He estado pidiéndole por nueve meses, he probado de todo, pero no puedo lograr que lo pinte.

Mi primer pensamiento fue: *Señora, se equivocó de lugar. No soy un contratista de pintura.* Sin embargo, en lugar de eso le dije:

—Cuénteme qué es lo que pasa.

Me dijo:

—El sábado pasado es un buen ejemplo. ¿Recuerda cuán bonito estaba el día? ¿Sabe lo que mi esposo hizo? Lavó y sacó brillo a su auto.

—¿Pintó el dormitorio? —pregunté.

—No, todavía no lo ha pintado. No sé qué hacer.

—Permítame preguntarle algo —le dije—. ¿Usted se opone a que se laven y abrillanten los autos?

—No, pero quiero que se pinte el dormitorio.

—¿Está segura de que su esposo sabe que usted quiere que se pinte el dormitorio?

—Sé que él lo sabe —dijo—. Se lo he estado pidiendo durante nueve meses.

—Quiero hacerle una pregunta más. ¿Alguna vez su esposo hace algo bueno?

—¿Cómo qué?

—Bueno, como sacar la basura, limpiar el parabrisas del auto que usted maneja, o poner gasolina en el auto, o pagar la cuenta de la energía eléctrica, o colgar su saco?

—Sí —dijo—, hace algunas de esas cosas.

—Entonces, tengo dos sugerencias. Una, no mencione nunca más que pinte el dormitorio —y repetí—: No lo vuelva a mencionar.

El propósito del amor no es lograr algo que usted quiere, sino hacer algo por el bienestar de la persona que ama. Sin embargo, es un hecho que cuando recibimos palabras estimulantes nos sentimos mucho más gustosamente motivados para retribuir.

—Mire, usted me dice que él sabe que usted quiere que el dormitorio esté pintado. Por eso, ya no tiene que decírselo nunca más. Él ya lo sabe. La segunda sugerencia que tengo es que la próxima vez que su esposo haga algo, usted le dé un cumplido verbal. Si saca la basura, dígale: «Bob, te agradezco mucho por sacar la basura». No le diga: «¡Ya era hora de que sacaras la basura! Las moscas van a sacarla por ti». Si ve que paga la cuenta de la energía eléctrica, ponga su mano sobre su hombro y dígale: «Bob, te agradezco que pagues la cuenta de la electricidad. Sé que hay esposos que no lo hacen, y quiero que sepas cuánto lo aprecio». Cada vez que haga algo bueno, déle un cumplido verbal.

—No veo que eso vaya a lograr que el dormitorio se pinte.

Le dije:

—Usted pidió mi consejo. Ya lo tiene. Usted es libre.

No estaba muy feliz conmigo cuando salió. Tres semanas más tarde, sin embargo, volvió a mi oficina y me dijo:

—¡Funcionó!

Había aprendido que los cumplidos verbales son mucho más grandes motivadores que las palabras de regaño.

No estoy recomendando las lisonjas para conseguir que su cónyuge haga lo que usted quiere. El propósito del amor no es lograr algo que usted quiere sino hacer algo por el bienestar de la persona que ama. Sin embargo, es un hecho que cuando recibimos palabras estimulantes nos sentimos mucho más gustosamente motivados para retribuir, y para hacer lo que nuestro cónyuge desea.

Palabras de ánimo

Presentar cumplidos verbales es solamente una manera de expresar palabras de afirmación para su cónyuge. Otro dialecto es el de las palabras de ánimo. La expresión *dar ánimo* significa «inspirar valor». Todos nosotros tenemos aspectos en los que nos sentimos inseguros. Nos falta valor, y esa falta de valor a menudo nos impide hacer las cosas positivas que nos gustaría hacer. Todo el potencial latente dentro de su cónyuge en sus áreas de inseguridad está esperando sus palabras de ánimo.

A Allison siempre le había gustado escribir. Ya en su carrera universitaria tomó unos pocos cursos de periodismo. Pronto se dio cuenta de que su emoción por escribir excedía a su interés en historia, que había sido su especialización académica. Era demasiado tarde para cambiar de especialización, pero después de la universidad —y especialmente antes del nacimiento de su primer niño— escribió varios artículos. Envió un artículo a una revista, pero como fue rechazado nunca tuvo el valor de enviar otro. Ahora que el niño había crecido y ella tenía más tiempo, Allison estaba nuevamente escribiendo.

Keith, el esposo de Allison, había prestado muy poca atención a los escritos de Allison en los primeros días de su matrimonio. Estaba ocupado con su vocación y atrapado por la presión de su ascenso personal dentro de la corporación. Con el tiempo, sin embargo, Keith se daría cuenta que el significado más profundo de la vida no se encuentra en los logros sino en las relaciones. Entonces había aprendido a dar más atención a Allison y a sus intereses. Así que fue bastante natural que una noche tomara uno de los artículos de Allison y lo leyera. Cuando terminó fue al cuarto donde Allison leía un libro. Con gran entusiasmo, dijo:

—Odio interrumpir tu lectura, pero tengo que decirte esto. Acabo de leer tu artículo *Cómo sacar el máximo provecho de los días feriados*. ¡Allison! ¡Eres una excelente escritora! ¡Este material debería publicarse! Escribes claramente. Tus palabras pintan cuadros que puedo visualizar. Tienes un estilo fascinante. Debes enviar este artículo a alguna revista.

—¿En verdad lo crees? —preguntó ansiosamente Allison.

—¡Claro que lo creo! —dijo Keith—. ¡Te digo que es bueno!

Cuando Keith salió de la habitación, Allison no pudo seguir leyendo. Con el libro cerrado sobre su falda soñó por treinta minutos en lo que Keith le había dicho. Se preguntaba si otros opinarían sobre su artículo de la misma manera que él lo hizo. Recordaba el rechazo que había recibido hacía años, pero pensaba que era una persona diferente ahora. Ya había adquirido más experiencia. Antes de levantarse de la silla para buscar un vaso de agua, Allison había tomado una decisión: enviaría sus artículos a diferentes revistas y vería si podían ser publicados.

Aquellas animadoras palabras de Keith fueron pronunciadas hace catorce años. Desde entonces, Allison ha tenido numerosos artículos publicados y ahora tiene un contrato para escribir un libro. Ella es una excelente escritora, pero necesitó las palabras animadoras de su esposo, que la inspiraran para dar el primer paso en el difícil proceso de ver un artículo publicado.

Tal vez su cónyuge tiene cierto potencial no desarrollado en uno o más aspectos de su vida. Ese potencial puede estar esperando sus palabras animadoras. Tal vez necesita matricularse en un curso para desarrollar ese potencial, o tal vez necesita conocer a algunas personas que hayan triunfado en ese campo y que puedan darle discernimiento sobre el próximo paso que debe tomar. Sus palabras pueden dar a su cónyuge el valor necesario para dar ese primer paso.

Por favor, tome en cuenta que no hablo de presionar a su cónyuge para que haga lo que usted quiere. Hablo de animarlo a desarrollar un interés que ya tiene. Por ejemplo, algunos esposos presionan a sus esposas para perder peso. El esposo dice: «¡Estoy animándola!», pero a la esposa esto le suena como una condenación. Solamente cuando una persona quiere perder peso, puede usted animarla a hacerlo. Mientras no tenga el deseo, sus palabras caerán en la categoría de predicación. Tales palabras rara vez animan.

Casi siempre se oyen como palabras de juicio destinadas a producir culpa. No expresan amor sino rechazo.

El animar requiere simpatizar y ver el mundo desde la perspectiva de su cónyuge. Debemos primero saber qué es lo importante para nuestro cónyuge.

Si a pesar de todo su cónyuge dice: «Creo que este otoño debo matricularme en un programa para perder peso», entonces usted tiene la oportunidad de darle palabras de ánimo. Unas palabras animadoras que sonarían así: «Si te decides a hacerlo, será un éxito. Esa es una de las cosas que me gustan de ti. Cuando te propones a hacer algo, lo haces. Si eso es lo que quieres hacer, ciertamente haré todo lo que esté a mi alcance para ayudarte. Y no te preocupes sobre el costo del programa. Si eso es lo que quieres hacer, encontraremos el dinero». Tales palabras darán a su cónyuge el ánimo para telefonear enseguida al centro especializado para perder peso.

El animar requiere simpatizar y ver el mundo desde la perspectiva de su cónyuge. Debemos saber primero qué es lo importante para nuestro cónyuge, sólo entonces podemos dar ánimo. Con esas palabras, tratamos de decir: «Lo sé. Me preocupo. Estoy contigo. ¿Cómo puedo ayudarte?» Estamos tratando de demostrar que creemos en él y en sus capacidades. Le estamos dando crédito y estímulo.

La mayoría de nosotros tenemos más potencial del que nunca desarrollaremos. Lo que nos detiene es a menudo la falta de valor. Un cónyuge amante puede suministrar todos esos catalizadores importantes. Por supuesto, las palabras animadoras pueden ser difíciles de expresar. Puede ser que no sean su lenguaje principal de amor. Puede costarle un gran esfuerzo aprender este segundo lenguaje. Así será especialmente si usted tiene una manera de hablar crítica y condenatoria, pero le aseguro que vale la pena el esfuerzo.

Palabras amables

El amor es bondad. Por lo tanto, si vamos a comunicar amor verbalmente, debemos usar palabras bondadosas. Eso tiene que ver con la manera en que hablamos. La misma frase puede tener dos significados diferentes, dependiendo de cómo la diga. La declaración: «Te quiero», dicha con bondad y ternura puede ser una genuina expresión de amor. Pero qué pasa con la frase: «¿Te quiero?» Los signos de admiración cambian todo el sentido de estas dos palabras. A veces nuestras palabras dicen una cosa, pero el tono de nuestra voz dice otra. Enviamos mensajes dobles. Por lo general nuestro cónyuge interpretará nuestro mensaje por nuestro tono de voz, no necesariamente por las palabras que usamos.

La frase «Me encantaría lavar los platos esta noche» dicha en un tono burlón no será recibida como una expresión de amor. Por otro lado, podemos expresar dolor, tristeza y aun ira de una manera amable, y será una expresión de amor. «Me siento desilusionado y dolido porque no me ofreciste tu ayuda esta noche» dicho de una manera franca y bondadosa, es una expresión de amor. La persona que habla quiere ser conocida por su cónyuge. Está dando los pasos para forjar intimidad manifestando sus sentimientos. Está buscando una oportunidad para hablar de una herida, a fin de hallar curación. Las mismas palabras expresadas con una voz alta y grosera no serán una expresión de amor sino de condenación y juicio.

La manera en la que hablamos es absolutamente importante. Un antiguo sabio dijo una vez: «La suave respuesta quita la ira». Cuando su cónyuge está enojado, trastornado y hablando palabras descomedidas, si usted quiere ser amoroso no debe responderle de la misma manera, sino con palabras suaves. El o ella recibirá lo que usted dice como una información sobre su estado emocional. Lo dejará hablar de su dolor, de su ira y percepción de los acontecimientos. Procurará ponerse en su lugar y ver el asunto con los ojos de él, para luego expresar suave y bondadosamente su comprensión de la razón por la que se siente de esa manera. Si ha actuado mal con él, usted querrá reconocer su error y luego pedir perdón. Si su motivación es diferente de la de él, usted explicará la suya bondadosamente. Usted buscará entendimiento y reconciliación, y no tratará de demostrar que su propia percepción es la única manera lógica de interpretar lo que ha sucedido. Ese es amor maduro, amor al que debemos aspirar si queremos tener un matrimonio floreciente.

El amor no guarda un puntaje de errores. El amor no revive los fracasos pasados. Ninguno de nosotros es perfecto; en el matrimonio no siempre hacemos lo mejor o lo que es justo. A veces hemos hecho o dicho cosas hirientes a nuestro cónyuge. No podemos borrar el pasado; solamente podemos confesarlo y aceptar que estuvo mal. Podemos pedir perdón y tratar de actuar de manera diferente en el futuro. Después de haber confesado mi fracaso y pedido perdón, no puedo hacer nada más para mitigar el dolor que pude haber causado a mi esposa. Cuando he sido ofendido por mi esposa y ella dolorosamente me ha confesado la falta y me ha pedido perdón, tengo la opción de la condena o el perdón. Si escojo la condena y trato de pagarle de la misma manera o hacer que pague por su error, me estoy haciendo el juez y haciendo de ella la malvada. La intimidad se vuelve imposible. Sin embargo, si escojo perdonar, la intimidad puede restaurarse. El perdón es la forma del amor.

Estoy sorprendido de cuántos individuos mezclan el nuevo día con el ayer. Insisten en traer al presente los fracasos del ayer y al hacerlo arruinan un día potencialmente maravilloso. «No puedo creer lo que hiciste. Creo que nunca lo olvidaré. No puedes saber cuánto me heriste. No sé cómo puedes estar sentado allí tan tranquilamente después de que me trataste de esa manera. Deberías estar clavado sobre tus rodillas rogándome que te perdone. No sé si pueda perdonarte alguna vez». Esas no son palabras de amor sino de amargura, de resentimiento y de venganza.

> Si vamos a disfrutar de una relación íntima, necesitamos conocer los deseos de cada uno. Si queremos amarnos el uno al otro, necesitamos conocer lo que la otra persona quiere.

Lo mejor que podemos hacer con los fracasos del pasado es dejar que sean historia. Sí, sucedió. y ciertamente dolió. Y a lo mejor duele todavía, pero él ha reconocido su error y ha pedido su perdón. No podemos borrar el pasado pero podemos aceptarlo como historia. Podemos decidir vivir ahora libres de los errores del ayer. El perdón no es un sentimiento, es un sometimiento. Es una decisión de mostrar misericordia, no de utilizar la ofensa contra el ofensor. Perdonar es una expresión de amor. «Te quiero. Me importas y decido perdonarte. Aun cuando mis sentimientos o heridas no desaparezcan todavía, no permitiré que lo que ha pasado se interponga entre nosotros. Espero que podamos aprender de esta experiencia. No eres un fracasado porque hayas fracasado. Eres mi cónyuge y seguiremos juntos de aquí en adelante». Esas son palabras de afirmación expresadas en el dialecto de las palabras amables.

Palabras humildes

El amor hace peticiones, no demandas. Cuando demando cosas de mi cónyuge, llego a ser un padre y él un hijo. Es el padre el que le dice al hijo de tres años lo que debe hacer y, en efecto, qué debe hacer. Y eso es necesario porque el hijo de tres años no sabe cómo navegar en las tormentosas aguas de la vida. En el matrimonio, sin embargo, somos iguales, compañeros adultos. Si vamos a tener una relación íntima, necesitamos conocer los deseos de cada uno. Si queremos amarnos el uno al otro, necesitamos conocer lo que la otra persona quiere.

La manera en la que expresamos esos deseos, sin embargo, es absolutamente importante. Si vienen como demandas, hemos borrado la posibilidad de la intimidad y alejaremos a nuestro cónyuge de nuestro lado. Si hacemos conocer nuestras necesidades y deseos como peticiones, estamos dando una guía, no un *ultimátum*. El esposo que dice: «¿Te acuerdas de esos pasteles de manzana que haces? ¿Sería posible que hicieras uno esta semana? ¡Me encantan!», está dando a su esposa una guía de cómo amarlo y así estrechar su intimidad. Por otro lado, el esposo que dice: «No he tenido un pastel de manzana desde que el niño nació. No puedo imaginarme que no haya tenido un pastel de manzana en dieciocho años», ha dejado de ser adulto y ha retrocedido a la conducta de un adolescente. Tales demandas no favorecen la intimidad. La esposa que dice: «¿Piensas que te será posible limpiar las canaletas de desagüe este fin de semana?», está expresando amor al hacer una petición. Pero la esposa que dice: «Si no limpias esas canaletas pronto van a hacer caer la casa. ¡Ya hay árboles creciendo en ellos!», ella ha dejado de amar y se ha convertido en una madre dominante.

Cuando hace una petición a su cónyuge, usted está afirmando su valor y capacidad. En esencia, usted está dando a entender que él o ella tiene algo o puede hacer algo que es importante y valioso para usted. Cuando usted hace demandas, ya no es un amante sino un tirano. Su cónyuge no se sentirá afirmado sino empequeñecido. Una petición conlleva un elemento de decisión. Su compañero puede escoger aceptar su petición o negarla, porque el amor es siempre una decisión. Esto es lo que lo hace significativo. Saber que mi cónyuge me ama lo suficiente para responder a una de mis peticiones me comunica emocionalmente que se preocupa de mí, que me respeta, que me admira, y que quiere hacer algo que me agrade. No podemos obtener amor por la vía de la demanda. Mi cónyuge puede cumplir con mis demandas, pero eso no es una expresión de amor. Es un acto de temor o de culpa o de cualquier otra emoción, pero no de amor. Así, una petición crea la posibilidad de una expresión de amor, mientras que una demanda ahoga esa posibilidad.

Varios dialectos

Las palabras de afirmación son uno de los cinco lenguajes básicos de amor. Dentro de ese lenguaje, sin embargo, hay muchos dialectos. Ya hemos hablado de unos pocos y hay muchos más. Se han escrito volúmenes enteros y numerosos artículos sobre estos dialectos. Todos ellos tienen en común el uso de palabras que afirman al cónyuge. El sicólogo William James dijo que la necesidad más profunda del hombre era la de sentirse apreciado. Las palabras de afirmación llenarán esa necesidad en muchos individuos. Si usted no es un hombre o mujer de palabras, si ese no es su lenguaje principal de amor pero cree que puede ser el lenguaje principal de amor de su cónyuge, permítame sugerirle que lleve una libreta de notas titulada: «Palabras de afirmación». Cuando lea un artículo o libro sobre el amor, escriba las palabras de afirmación que encuentre. Cuando oiga una conferencia sobre el amor o escuche a algún amigo diciendo algo positivo sobre otra persona, escríbalo. Con el tiempo usted coleccionará una buena lista de palabras de afirmación, las que puede usar para comunicar amor a su cónyuge.

También puede probar usando palabras indirectas de afirmación, es decir, diciendo cosas positivas de su cónyuge cuando él o ella no está presente. En cualquier momento alguien se lo contará a su cónyuge y usted tendrá todo el crédito para el amor. Dígale a la madre de su esposa qué linda es su esposa. Cuando su suegra le cuente a ella lo que usted dijo, tenga por seguro estará ampliado, y usted conseguirá aun más crédito. También hable bien de su cónyuge frente a otros cuando él o ella esté presente. Cuando lo honren públicamente por algún triunfo, participe ese homenaje con su cónyuge. Puede también escribir palabras de afirmación; las palabra escritas tienen la ventaja de que pueden ser leídas una y otra vez.

Aprendí una importante lección sobre las palabras de afirmación y los lenguajes del amor en Little Rock, Arkansas. Visité a Bill y Betty en un hermoso día de primavera. Vivían en un grupo de casas con una cerca blanca de estacas, césped verde y flores de primavera en plena hermosura. Era idílico. Una vez adentro descubrí que el idealismo terminó. Su matrimonio estaba en ruinas. Luego de doce años y dos hijos, se preguntaban por qué se habían casado. Parecían disentir en todo. En lo único que estaban de acuerdo era en que ambos amaban a los niños. A medida que contaban su historia me di cuenta que Bill era un adicto al trabajo y que tenía poco tiempo para Betty. Ella trabajaba medio tiempo, más que nada para estar fuera de la casa. Su método de enfrentarse con el problema era separándose. Trataban de poner distancia entre ellos para que sus conflictos no les parecieran tan grandes. Pero el indicador de nivel en ambos tanques de amor decía: «vacío».

Me dijeron que habían buscado consejería matrimonial pero parecía que no hacían muchos progresos. Asistieron a mi seminario para matrimonios y al siguiente día yo ya salía del pueblo. Probablemente éste sería mi último encuentro con Bill y Betty, por lo que decidí hacer todo mi esfuerzo.

Empleé una hora con cada uno de ellos, en forma separada. Escuché con mucha atención ambas historias y descubrí que a pesar del vacío de su relación y sus muchos desacuerdos, reconocían y apreciaban ciertas cosas el uno en el otro. Bob reconoció: «Es una buena madre. También una buena ama de casa y una excelente cocinera cuando decide cocinar. Pero no me da ningún afecto. Trabajo todo lo que puedo y no hay ninguna señal de aprecio hacia mí». En mi conversación con Betty, ella aceptó que Bill era un excelente proveedor para la familia. «Pero —se quejó—, no hace nada en la casa para ayudarme, y nunca tiene tiempo para mí. ¿Qué sacamos teniendo la casa, el automóvil y todas las demás cosas si nunca disfrutamos de ellas juntos?»

Con esa información decidí enfocar mi consejo haciendo solamente una sugerencia a cada uno de ellos. Dije a Bob y a Betty, separadamente, que cada uno de ellos tenía la clave para cambiar el clima emocional del matrimonio. «Esa clave —dije—, es expresar aprecio verbal por las cosas que a uno le gusta de la otra persona y, por el momento, suspender sus quejas sobre las cosas que no les gusta». Revisamos los comentarios positivos que ya habían hecho el uno y el otro, y los ayudé a cada uno a escribir una lista de esos rasgos positivos. Bill se centró en las actividades de Betty como madre, ama de casa y cocinera. La lista de Betty se centró en el trabajo intenso y en la provisión económica para la familia. Hicimos las listas tan específicas como fue posible.

La lista de Betty quedó así:

- Él no ha perdido un día de trabajo en doce años. Es agresivo en su trabajo.
- Ha recibido varias promociones en su trabajo.
- Paga la casa cada mes.
- También paga la cuenta de la electricidad, el gas y el agua.
- Nos compró un vehículo de paseo hace tres años.
- Corta el pasto o paga para que alguien lo haga en la primavera y en el verano.
- Recoge las hojas o paga para que alguien lo haga en el otoño.
- Provee mucho dinero para la alimentación y el vestuario de la familia.
- Saca la basura por lo menos una vez al mes.
- Me da dinero para comprar regalos de Navidad para la familia.
- Está de acuerdo en que puedo utilizar el dinero que gano en mi trabajo de medio tiempo de la manera que desee.

La lista de Bill quedó así:

- Arregla las camas todos los días.
- Pasa la aspiradora a la casa cada semana.
- Despacha a los niños para la escuela todas las mañanas con un buen desayuno.
- Prepara la cena por lo menos tres días a la semana.

- Compra los víveres, ayuda a los niños con sus tareas.
- Lleva a los niños a la escuela y a la iglesia.
- Enseña en el primer grado de la Escuela Dominical.
- Lleva mi ropa a la lavandería.
- A veces lava y plancha.

Les sugerí que añadieran a la lista las cosas que notaran en las semanas siguientes. También les sugerí que dos veces por semana escogieran un rasgo positivo y expresaran apreciación verbal al cónyuge por eso. Les di una indicación más. Le dije a Betty que si Bill le daba un cumplido, ella no debía darle a él un cumplido en el mismo momento, sino que más bien debía recibirlo y decir: «Gracias por decirme eso.» A Bill le dije lo mismo y los animé a que lo pusieran en práctica cada semana durante dos meses, y que si lo encontraban útil podían continuar así. Si el experimento no ayudaba a mejorar el ambiente emocional del matrimonio, podrían cancelarlo como otro intento fallido.

Al día siguiente tomé el avión y regresé a casa. Escribí una nota para recordarme de llamar a Bill y a Betty dos meses más tarde, para ver qué había pasado. Cuando los llamé a mediados del verano solicité hablar con cada uno separadamente. Me sorprendió saber que la actitud de Bill había dado un gigantesco paso adelante. Él se había imaginado que yo había dado a Betty el mismo consejo que le di a él, pero todo estaba bien. Le encantaba. Ella estaba apreciando su trabajo y su provisión para la familia. «En verdad me ha hecho sentir hombre de nuevo. Tenemos mucho trecho que recorrer, doctor Chapman, pero creo que estamos en la ruta.»

Cuando hablé con Betty, sin embargo, descubrí que ella había dado solamente un paso de niño hacia adelante. Me dijo: «Algo ha mejorado, doctor Chapman, todavía no saca tiempo para mí. Todavía está demasiado ocupado en el trabajo, por lo que nunca tenemos un tiempo juntos.»

Cuando escuché a Betty, se hizo la luz. Supe que había hecho un descubrimiento importante. El lenguaje de amor de una persona no es necesariamente el lenguaje de amor de otra. Era obvio que el lenguaje principal de amor de Bill eran las palabras de afirmación. Era un gran trabajador, disfrutaba de su trabajo, pero lo que más quería de su esposa era expresiones de aprecio por su trabajo. Ese patrón se estableció probablemente en su infancia, y esa necesidad de afirmación verbal no era menos importante en su vida adulta. Betty, por otro lado, estaba emocionalmente clamando por algo más. Las palabras positivas eran muy buenas, pero su profundo anhelo emocional era por algo más. Eso nos lleva al lenguaje de amor número dos.

NOTAS
1. Proverbios 18:21
2. Proverbios 12:25

Los cinco lenguajes del amor

Palabras de afirmación
Tiempo de calidad
Recibiendo regalos
Actos de servicio
Toque físico

❦

CAPÍTULO CINCO

Lenguaje de amor # 2: Tiempo de calidad

D ebía haber captado el lenguaje principal de amor de Betty desde el principio. ¿Qué decía esa noche de primavera cuando los visité a ella y a Bill en Little Rock?

—Bill es un buen proveedor pero no me dedica nada de tiempo. ¿De qué sirven la casa y el auto de paseo y todas las otras cosas si no las disfrutamos juntos?

¿Cuál era su deseo? Tener un buen tiempo con Bill. Ella necesitaba su atención. Quería que él la mirara, que le diera su tiempo, que hiciera cosas con ella.

Cuando digo «un buen tiempo» quiero decir una atención completa. No estoy hablando de sentarse a ver televisión juntos. Cuando usted emplea el tiempo así, su atención se concentra en los noticieros o en los programas, no en el cónyuge. Lo que quiero decir es sentarse juntos en la sala, con el televisor apagado, mirándose el uno al otro y conversando, dándose mutuamente una atención completa. Quiero decir dando un paseo, saliendo solamente los dos a

57

comer fuera, y mirándose el uno al otro y conversando. ¿Ha visto lo que pasa en un restaurante? Siempre se puede notar la diferencia entre una pareja de enamorados y una pareja de casados. La pareja de enamorados se miran el uno al otro y conversan. La pareja de casados se sienta allí y miran para todos lados. ¡Usted sabe que fueron allí para comer!

Cuando me siento en la sala con mi esposa, y le doy veinte minutos de mi atención completa —y lo mismo hace ella—, nos estamos dando el uno al otro veinte minutos de vida. Nunca tendremos esos veinte minutos otra vez; nos estamos dando nuestras vidas el uno al otro. Esto es un poderoso comunicador de amor.

Una medicina no puede curar todas las enfermedades. En mi consejo a Bill y a Betty cometí una seria equivocación. Pensé que las palabras de afirmación significarían lo mismo para Betty que para Bill. Había esperado que si cada uno de ellos daba una afirmación verbal al otro, el ambiente emocional iba a cambiar y ambos iban a sentirse amados. Funcionó para Bill; él se sintió más positivo hacia Betty. Sintió apreciación genuina por su trabajo. Pero no funcionó tan bien para Betty porque las palabras de afirmación no eran el lenguaje principal de amor para Betty. Su lenguaje era «Tiempo de calidad».

Volví al teléfono y agradecí a Bill por sus esfuerzos en los últimos dos meses. Le dije que había hecho un buen trabajo al expresarle afirmación verbal a Betty y que ella había oído sus afirmaciones.

—Pero, doctor Chapman —dijo—, ella todavía no está muy feliz. No creo que las cosas hayan mejorado mucho para ella.

—Tiene razón —le dije—, y pienso que sé el porqué. El problema es que le sugerí el lenguaje de amor equivocado. Bill no tenía la más leve idea de lo que yo le quería decir. Le expliqué que lo que hace a una persona sentirse amada no siempre hace a otra persona sentirse amada.

Él aceptó que su lenguaje eran las palabras de afirmación. Me dijo que eso había significado mucho para él cuando muchacho, y cómo se sentía bien cuando Betty le expresaba aprecio por las cosas que hacía. Le expliqué que el lenguaje de Betty no eran las palabras de afirmación sino tiempo de calidad. Le expliqué la importancia de dar a alguien una atención completa, no de hablarle mientras se lee el periódico o se mira la televisión, sino mirándola a los ojos, dándole toda la atención, haciendo algo con ella que lo disfrute plenamente y haciéndolo de todo corazón.

—Como ir con ella al concierto —dije.

Podría decir que la luz venía a Little Rock.

—Doctor Chapman, eso es de lo que ella siempre se ha quejado. No hago cosas con ella ni empleo mi tiempo con ella. «Íbamos a distintos lugares y hacíamos cosas juntos antes de casarnos» —dijo—, pero ahora dice que estoy demasiado ocupado. Ese es su lenguaje de amor, de acuerdo; no hay discusión. Pero, doctor Chapman, ¿qué voy a hacer? Mi trabajo exige mucho.

—Cuénteme sobre eso —le dije.

Durante los siguientes diez minutos me habló de su ascenso en la organización, de cuánto había trabajado y de cuán orgulloso estaba de sus logros. Me habló de sus sueños para el futuro y de que sabía que dentro de los próximos cinco años estaría donde deseaba estar.

—¿Quiere estar allí solo, o quiere estar con Betty y los niños? —pregunté.

—¡Por supuesto que quiero que ella esté conmigo, doctor Chapman! Quiero que ella lo disfrute conmigo. Por eso es que me duele tanto cuando ella me critica por gastar mi tiempo en el trabajo. Lo hago por nosotros. Quise que ella fuera parte de esto, pero es siempre tan negativa...

—¿Comienza a ver por qué ella era tan negativa, Bill? —le pregunté—. Su lenguaje de amor es tiempo de calidad. Usted le ha dado tan poco tiempo que su tanque de amor está vacío. Ella no se siente segura de su amor. Por eso ella ha criticado lo que, según ella, está absorbiendo su tiempo: su trabajo. Realmente no odia su trabajo. Odia el hecho de que recibe tan poco amor de usted. Hay solamente una respuesta, Bill, y es costosa. Usted tiene que buscar tiempo para Betty. Tiene que amarla en el lenguaje de amor correcto para ella.

—Sé que tiene razón, doctor Chapman. ¿Dónde comienzo?

—¿Tiene a la mano el papel, aquel en el que hicimos la lista de las cosas positivas de Betty?

—Aquí está.

—Muy bien. Vamos a hacer otra lista. ¿Cuáles son las cosas que Betty quisiera que usted hiciera con ella? Ponga allí las cosas que ella siempre ha mencionado.

Esta es la lista que hizo Bill:

- Tomar nuestro auto y pasar un fin de semana en las montañas (a veces con los niños y a veces los dos solos).
- Reunirme con ella para almorzar (en un bonito restaurante, o aun cuando sea en un McDonald's).
- Dejar a los niños con una niñera, y salir a comer los dos solos.
- Cuando vengo a casa por las noches, sentarme y conversar con ella de cómo ha sido mi día, y escucharla a ella de cómo ha sido su día (no le gusta que mire la televisión mientras conversamos).
- Destinar un tiempo para conversar con los niños sobre sus experiencias de la escuela.
- Destinar un tiempo para jugar con los niños.
- Ir de picnic con ella y los niños un sábado, y no quejarme de las hormigas y las moscas.
- Tomar vacaciones con la familia por lo menos una vez al año.

- Ir de paseo con ella y conversar mientras paseamos (no caminar delante de ella).

—Esas son las cosas de las que ella ha hablado siempre —dijo.

—Sabe lo que voy a sugerirle, ¿verdad, Bill?

—Hacerlas —dijo.

—Así es. Una vez por semana, durante los próximos dos meses. ¿De dónde sacará el tiempo? Usted hallará el tiempo. Usted es un hombre inteligente —continué—. Usted tiene la capacidad de planificar su vida e incluir a Betty en sus planes.

—Lo sé —dijo—. Puedo hacerlo.

—Y, Bill, esto no tiene que disminuir sus metas vocacionales. Sólo significa que cuando usted llegue a la cima, Betty y los niños estarán con usted.

> Un aspecto central del tiempo de calidad es la unión. No me refiero solamente a la proximidad... Unión tiene que ver con una atención completa entre los dos.

Eso es lo que quiero más que todas las cosas. Sea que esté en la cima o no, quiero que ella sea feliz, y quiero disfrutar de la vida con ella y los niños.

Los años han venido y se han ido. Bill y Betty han llegado a la cima y han retrocedido, pero lo importante es que lo han hecho juntos. Los hijos ya han dejado el nido, y Bill y Betty están de acuerdo en que éstos son sus mejores años. Bill ha llegado a ser un entusiasta aficionado de la música sinfónica, y Betty ha hecho una lista interminable de las cosas que aprecia en él. Él nunca se cansa de oírlas.

Ahora, ha comenzado su propia compañía y está cerca de la cima nuevamente. Su trabajo ya no es una amenaza para Betty. Ella está emocionada con él y lo anima. Sabe que ella es número uno en la vida de él. Su tanque de amor está lleno, y si comienza a vaciarse, sabe que una simple petición de su parte le dará la atención completa de Bill.

Unión

Un aspecto central del tiempo de calidad es la unión. No me refiero solamente a la proximidad. Dos personas sentadas en la misma habitación están en estrecha intimidad, pero no quiere decir que estén necesariamente juntas. La unión tiene que ver con una atención completa entre los dos. Cuando un padre está sentado en el piso haciendo rodar una pelota hacia su hijo de dos años, su atención no está concentrada en la pelota sino en su hijo. Por ese breve momento están juntos. Pero, si su padre está hablando por teléfono mientras hace rodar la pelota, su atención está diluida. Algunos esposos y esposas piensan que están pasando el tiempo juntos cuando, en realidad, están solamente viviendo en estrecha proximidad. Están en la misma casa al mismo tiempo, pero no juntos. Un esposo que está mirando los deportes en la televisión mientras habla con su esposa, no le está dando tiempo de calidad porque ella no obtiene su atención completa.

Tiempo de calidad no significa que tenemos que pasar nuestros momentos juntos contemplándonos a los ojos; significa que estamos haciendo algo juntos y que vamos a dar toda nuestra atención a la otra persona. La actividad que estamos realizando es incidental. Lo importante es que estemos empleando tiempo dedicado el uno al otro. La actividad es un vehículo que crea el sentido de unión. Lo importante con el padre haciendo rodar la pelota hacia el hijo de dos años no es la actividad misma, sino los sentimientos que se crean entre el padre y su hijo.

Igualmente, si un esposo y una esposa están jugando juntos, estarán empleando tiempo de calidad el uno con el otro aunque la atención no se concentre en el juego en sí, sino en el hecho de que están empleando el tiempo juntos. Lo que pasa con el nivel emocional es lo que importa. Emplear el tiempo juntos en un propósito común significa que nos preocupamos el uno por el otro, que disfrutamos estando el uno con el otro, que nos gusta hacer cosas juntos.

Conversación de calidad

Como las palabras de afirmación, el lenguaje del tiempo de calidad también tiene muchos dialectos. Uno de los dialectos más comunes es la conversación de calidad. Por conversación de calidad me refiero a un diálogo comprensivo, donde los dos individuos están comunicando sus experiencias, pensamientos, sentimientos y deseos en un contexto amistoso e ininterrumpido. La mayoría de individuos que se quejan de que su cónyuge no conversa, no quieren decir que literalmente él o ella no pronuncian una sola palabra. Quieren decir que rara vez toman parte en un diálogo comprensivo. Si el lenguaje principal de amor de su cónyuge es tiempo de calidad, tal diálogo es crucial para su sentimiento de ser amado.

La conversación de calidad es bastante diferente del primer lenguaje de amor. Las palabras de afirmación se concentran en lo que estamos diciendo, mientras que la conversación de calidad se concentra en lo que estamos oyendo. Si estoy compartiendo mi amor por alguien por medio del tiempo de calidad, y vamos emplear ese tiempo en la conversación, me concentraré en sacarle más palabras, escuchando comprensivamente lo que tiene que decirme. Le haré preguntas, no para importunarlo, sino con un verdadero deseo de entender sus pensamientos, sentimientos y deseos.

Conocí a Patrick cuando tenía cuarenta y tres años y había estado casado por diecisiete. Lo recuerdo porque sus primeras palabras fueron dramáticas. Estaba sentado en la silla de cuero de mi oficina y luego de presentarse brevemente a sí mismo, se inclinó hacia adelante y dijo, con gran emoción:

—Doctor Chapman, he sido un tonto, un verdadero tonto.

—¿Qué lo llevó a esa conclusión? —le pregunté.

—He estado casado por diecisiete años —dijo—, y mi esposa me ha dejado. Ahora me doy cuenta cuán tonto he sido.

Repetí mi pregunta original:

—En qué manera has sido un tonto?

—Mi esposa venía a casa de su trabajo y me contaba los problemas de su oficina. La escuchaba y luego le decía lo que pensaba que debía hacer. Siempre la aconsejaba. Le decía que tenía que confrontar el problema. «Los problemas no desaparecen. Tienes que hablar con las personas involucradas o con tu supervisor. Tienes que tratar con los problemas». Al siguiente día venía a casa del trabajo y me contaba los mismos problemas. Le preguntaba si había hecho lo que le había sugerido el día anterior. Sacudía su cabeza y decía que no. Así que le repetía mi consejo. Le decía que esa era la manera de tratar con la situación. Venía a casa el siguiente día y me contaba los mismos problemas. Nuevamente le preguntaba si había hecho lo que le había sugerido. Sacudía su cabeza y decía que no. Después de tres o cuatro noches así, me enojé. Le dije que no esperara ninguna comprensión de mi parte si no quería aceptar el consejo que le daba. No tenía que vivir bajo esa clase de estrés y presión. Ella podía resolver el problema si simplemente hacía lo que le decía. Me dolía verla vivir bajo tal estrés, porque sabía que no tenía que ser así. La próxima vez que me trajera el problema le diría: «No quiero oírlo. Te he dicho lo que debes hacer. Si no vas a escuchar mi consejo no quiero oírlo».

Muchos de nosotros estamos entrenados para analizar problemas y buscar soluciones. Olvidamos que el matrimonio es una relación, no un proyecto para ser completado ni un problema para ser resuelto.

—Entonces me aparté y me dediqué a mis asuntos —continuó—. ¡Qué tonto fui! Ahora me doy cuenta que ella no quería mi consejo cuando me contaba sobre sus dificultades en el trabajo. Quería simpatía. Quería que la escuchara, que le brindara atención, que le hiciera saber que yo podía entender su estrés, su dolor, su presión. Quería saber que la amaba y que estaba con ella. No quería consejo. Solamente quería saber que yo entendía. Pero nunca traté de entender. Estaba demasiado ocupado dando consejos. ¡Qué tonto! Y ahora ella se ha ido. ¿Por qué no se pueden ver estas cosas cuando uno está pasando por ellas? —preguntó—. Fui ciego a lo que estaba pasando. Solamente ahora entiendo cómo le fallé.

La esposa de Patrick había estado suplicando conversación de calidad. Emocionalmente, anhelaba que él pusiera su atención en escuchar su dolor y frustración. Patrick no se preocupaba por escuchar sino en hablar. Escuchó solamente lo suficiente para oír el problema y formular una solución. No escuchó lo suficientemente bien para oír el clamor por apoyo y entendimiento.

Muchos de nosotros somos como Patrick. Estamos entrenados para analizar los problemas y buscar soluciones. Olvidamos que el matrimonio es una relación, no un proyecto para ser completado ni un problema para ser resuelto. Una relación pide un escuchar comprensivo, con el propósito de entender los pensamientos, sentimientos y deseos de la otra persona. Debemos estar dispuestos a dar consejo sólo cuando es solicitado, y no de una manera condescendiente. La mayoría de nosotros tiene poco entrenamiento para escuchar. Somos mucho más eficientes en pensar y hablar. Aprender a escuchar puede ser tan difícil como aprender un idioma extranjero, pero debemos aprender si queremos comunicar amor. Eso es especialmente verdad si el lenguaje principal de amor de su cónyuge es tiempo de calidad, y si su dialecto es *conversación* de calidad. Afortunadamente, numerosos libros se han escrito sobre cómo desarrollar el arte de escuchar. No es mi interés repetir lo que se ha escrito, pero sugiero el siguiente resumen de informaciones prácticas.

1. *Mantenga contacto visual cuando su cónyuge habla.* Eso impide que su mente se distraiga y le asegura a él o ella que tiene toda su atención.

2. *No escuche a su cónyuge y haga algo más al mismo tiempo.* Recuerde: el tiempo de calidad da a alguien su atención total. Si usted está mirando, leyendo o haciendo algo en lo que está profundamente interesado y no puede sacar de allí su atención inmediatamente, diga a su esposa la verdad. Una manera positiva podría ser: «Sé que tratas de hablar conmigo y yo estoy interesado en escucharte y quiero darte toda mi atención. No puedo hacer eso ahora, pero si me das diez minutos

para terminar esto, me sentaré y te escucharé». La mayoría de las esposas respetarán tal petición.

3. *Escuche los sentimientos.* Pregúntese: «¿Qué emociones está experimentando mi pareja?» Cuando piense que tiene la respuesta, verifíquela. Por ejemplo: «Me parece que te sientes desilusionada porque olvidé_____». Eso le da la oportunidad de aclarar sus sentimientos. También indica que usted está escuchando profundamente lo que dice.

4. *Observe el lenguaje del cuerpo.* Puños apretados, manos temblorosas, lágrimas, ceño fruncido, movimientos de los ojos, pueden darle indicios qué está sintiendo el otro. A veces el lenguaje del cuerpo habla un mensaje, mientras las palabras hablan otro. Pida aclaración para estar seguro de que sabe lo que él o ella realmente está sintiendo o pensando.

5. *Rehúse interrumpir.* Investigaciones recientes han indicado que el individuo promedio escucha solamente diecisiete segundos antes de interrumpir e introducir sus propias ideas. Si yo le doy a usted mi total atención mientras habla, debo refrenarme de defenderme o de hacerle acusaciones, o de declarar dogmáticamente mi posición. Mi meta es descubrir sus pensamientos y sentimientos. Mi objetivo no es defenderme o darle la razón. Es entenderlo.

Aprender a conversar

La conversación de calidad no solamente requiere comprensión para escuchar, sino también autorrevelación. Cuando una esposa dice: «Quisiera que mi esposo hable. ¡Nunca sé lo que piensa o siente!», ella reclama intimidad. Quiere sentirse cerca de su esposo, pero ¿cómo puede sentirse cerca de alguien a quien no conoce? Para que ella se sienta amada, él debe aprender a revelarse. Si el lenguaje principal de amor de ella es tiempo de calidad, y si su dialecto es conversación de calidad, su tanque emocional de amor nunca se llenará hasta que él no comparta con ella sus pensamientos y sentimientos.

S i necesita aprender el lenguaje de conversación de calidad, comience notando las emociones que siente cuando está lejos de casa.

La autorrevelación no es fácil para algunos de nosotros. Muchos adultos crecieron en hogares donde no se estimulaba la expresión de los pensamientos o sentimientos, sino que más bien se la condenaba. Pedir un juguete significaba oír toda una conferencia sobre el lamentable estado de la economía familiar. El niño salía sintiéndose culpable por tener ese deseo, y enseguida aprendía a no expresar sus deseos. Cuando expresaba su ira, sus padres le respondían con palabras duras y condenatorias. De esa manera, el niño aprendía que expresar los sentimientos de enojo no era apropiado. Si hacían sentir culpable al niño por expresar desilusión por no poder ir a la tienda con su padre, aprendía a guardar esa desilusión adentro. Cuando llegamos a ser adultos, muchos de nosotros aprendimos a negar nuestros sentimientos y a no estar más en contacto con nuestras emociones personales características.

Una esposa dice a su esposo: «¿Cómo te sentiste por lo que hizo Don?» Y el esposo responde: «Creo que hizo mal. Deberíamos...» Pero él no le está expresando sus sentimientos. Él está «hablando de» sus pensamientos. Tal vez tiene razón para sentirse enojado, herido o desilusionado, pero ha vivido tanto tiempo en el mundo de los pensamientos que no reconoce sus sentimientos. Cuando tiene que aprender el lenguaje de la conversación de calidad, es como si tratara de aprender un idioma extranjero. El punto donde debe comenzar es poniéndose en contacto con sus sentimientos, aceptando que es una criatura emocional, a pesar de que ha negado esa parte de su vida.

Si usted necesita aprender el lenguaje de la conversación de calidad, comience notando las emociones que siente cuando está lejos de casa. Lleve consigo siempre una libreta de notas. Tres veces cada día pregúntese: «¿Qué emociones he sentido en las últimas tres horas? ¿Qué sentí camino del trabajo cuando el conductor de atrás manejaba tan pegado a mi auto? ¿Qué sentí cuando me detuve en la estación de gasolina y la bomba automática no cerró cuando se llenó el tanque, derramando la gasolina en el costado de mi carro? ¿Qué sentí cuando llegué a la oficina y supe que a mi secretaria le habían asignado otra tarea para esa mañana? ¿Qué sentí cuando mi supervisor me dijo que el proyecto en el que trabajaba debía ser terminado en tres días, y yo pensaba que tenía otras dos semanas?»

Escriba sus sentimientos en su libreta, junto a una o dos palabras que lo ayuden a recordar el acontecimiento que corresponde al sentimiento. Su lista puede ser así:

Acontecimiento	Sentimientos
manejando pegado a mi guardachoques	enojado
estación de gasolina	muy trastornado
sin secretaria	desilusionado
proyecto terminado en tres días	frustrado y ansioso

Haga ese ejercicio tres veces al día y desarrollará una conciencia real de su naturaleza emocional. Usando sus notas, comunique sus sentimientos a su pareja, contándole los acontecimientos, tantos días como sea posible. En pocas semanas verá que se sentirá bien expresando sus emociones a él o a ella. Y con el tiempo se sentirá bien expresando sus emociones sobre su cónyuge, los niños y los acontecimientos del hogar. Recuerde: las emociones en sí no son ni buenas ni malas; son simplemente nuestras respuestas sicológicas a los acontecimientos de la vida.

Basados en nuestros pensamientos y emociones, hacemos nuestras decisiones. Cuando el conductor de atrás iba pegado a usted en la carretera, usted se sintió enojado porque posiblemente tenía estos pensamientos: *Quisiera que se fuera; quisiera que se adelantara y me deje tranquilo; si pensaría que no me va a alcanzar, aplastaría el acelerador y lo soltaría recién en un cambio de luces; entonces frenaría en la raya de improviso, y su compañía de seguros me compraría un auto nuevo; quizá sería mejor que me salga de la carretera y lo deje pasar.*

Usted tomó alguna decisión, o el otro se retrasó, o dobló, o lo pasó, y usted llegó sano y salvo al trabajo. En cada uno de los eventos de la vida tenemos emociones, pensamientos, deseos y acciones. A la expresión de ese proceso lo llamamos autorrevelación. Si usted va a aprender el dialecto de amor en la conversación de calidad, esta es la ruta de aprendizaje que debe seguir.

Tipos de personalidad

No todos nosotros estamos fuera de contacto con nuestras emociones, pero cuando nos toca hablar, todos estamos afectados por nuestra personalidad. He observado dos tipos básicos de personalidad. Al primero lo llamo «el Mar Muerto». En la pequeña nación de Israel, el Mar de Galilea fluye hacia el sur a través del río Jordán hasta llegar al Mar Muerto. El Mar Muerto no va a ninguna parte. Recibe pero no da. Este tipo de personalidad recibe muchas experiencias, emociones y pensamientos durante todo el día. Tienen un gran depósito donde almacenan toda esa información, y son perfectamente felices de no hablar. Si usted le dice a una personalidad de Mar Muerto: «¿Qué pasa? ¿Por qué no hablas esta noche?», probablemente responderá: «No pasa nada. ¿Qué te hace pensar que pasa algo?» Y esa respuesta es perfectamente honesta. Él está contento de no hablar. Podría manejar de Chicago a Detroit sin decir ni una sola palabra, y sería completamente feliz.

En el otro lado está el «Arroyo rumoroso». Para esta personalidad, lo que quiera que entra por la puerta del ojo o por la del oído sale por la puerta de la boca, y rara vez hay más de sesenta segundos entre los dos. Lo que quiera que ven, lo que quiera que oyen, lo dicen. Si alguien no está en casa para hablar, llamarán a alguien. «¿Sabes lo que vi?, ¿Sabes lo que oí?» Si no pueden conseguir a alguien por teléfono, pueden hablar consigo mismos porque no tienen depósito de almacenaje. Muchas veces un «Mar Muerto» se casa con un «Arroyo rumoroso». Eso sucede porque cuando son novios forman una pareja muy atractiva.

Una forma de aprender este nuevo patrón es estableciendo un tiempo diario de comunicación, en el que cada uno contará tres cosas que le hayan sucedido ese día, manifestando cómo se sintió frente a esos acontecimientos.

Si usted es un «Mar Muerto» y tiene como novio a un «Arroyo rumoroso», tendrá, con seguridad, una bonita velada. No tiene que pensar: «¿Cómo iniciaré la conversación esta noche?» «¿Cómo mantendré la conversación?» En realidad, usted no tiene nada que pensar. Todo lo que tiene que hacer es mover su cabeza y decir: «Ajá, ajá», y la otra parte se encargará de llenar toda la noche, y usted volverá a casa diciendo: «¡Qué persona tan maravillosa!» Por otro lado, si usted es un «Arroyo rumoroso» y se cita con un «Mar Muerto», tendrá una velada igualmente maravillosa, porque los «Mar Muerto» son los mejores oyentes. Usted hablará por tres horas. Él lo escuchará profundamente, y volverá a casa diciendo: «Qué persona maravillosa». Sentirán atracción uno por el otro. Pero cinco años después del matrimonio, el «Arroyo rumoroso» se despierta una mañana y dice: «Hemos estado casados por cinco años, y todavía no lo conozco». El «Mar Muerto dice»: «Yo la conozco demasiado bien, desearía que se detuviera por un rato y me diera un descanso». La buena noticia es que el «Mar Muerto» puede aprender a hablar, y el «Arroyo rumoroso» puede aprender a escuchar. Somos influenciados por nuestra personalidad pero no controlados por ella.

Una manera de aprender nuevos patrones es establecer un tiempo para compartir diariamente, en el que cada uno hablará acerca de tres cosas que le pasaron ese día, y cómo se sintió acerca de ellas. Lo llamo el «el requisito mínimo diario» para un matrimonio saludable. Si comienza con el requisito mínimo diario, en unas pocas semanas o meses encontrará mayor calidad de conversación fluyendo más libremente entre ustedes.

Actividades de calidad

Además de la calidad del tiempo del lenguaje básico del amor, hay otro dialecto llamado *actividades de calidad*.

Recientemente en un seminario sobre matrimonio, pedí a las parejas que completaran la siguiente oración: «Me siento más amado por mi esposo/esposa cuando____». Aquí está la respuesta de un esposo de veintinueve años de edad, quien hacía ocho que estaba casado: «Me siento más amado por mi esposa cuando hacemos cosas juntos; aquellas cosas que a mí me gustan hacer, y las que le gustan a ella. Hablamos más. Es como una clase de *cita* nuevamente».

Esta es una respuesta típica de individuos cuyo lenguaje del amor es tiempo de calidad. El énfasis está en estar juntos, en hacer cosas juntos, en darse atención individual el uno al otro.

Las actividades de calidad pueden incluir cualquier cosa en que uno o ambos tengan interés. El énfasis no está en *qué* hacen sino en *por qué* lo hacen. El propósito es experimentar algo juntos, caminar sobre eso sintiendo que: «Él cuida de mí. Desea hacer algo conmigo lo cual disfruto, y lo hace con una actitud positiva». Eso es amor, y para algunas personas, amor con mayúsculas.

Tracie creció con la sinfonía. Durante su niñez la casa se llenaba con música clásica. Por lo menos una vez al año, acompañaba a sus padres a escuchar la sinfónica. Larry, en cambio, creció en una región con música campesina. Nunca asistió a un concierto, pero la radio siempre estaba prendida en la estación de música campesina. Él decía que la sinfónica era música elevada. De no haberse casado con Tracie, podría haber pasado toda su vida sin asistir ni una vez a escuchar una orquesta sinfónica. Antes de casarse, mientras estaba todavía en el estado del enamoramiento obsesivo, fue a escuchar la música sinfónica. Pero aun en su estado emocional eufórico, su actitud era: «¿Cómo puedes llamar música a esto?». Esta era una experiencia que no esperaba repetir nunca después del matrimonio. Sin embargo, varios años después, cuando descubrió que la tiempo de calidad era el lenguaje básico del amor para

Tracie, y que a ella le gustaba especialmente el dialecto de la calidad de actividades —y que ir a escuchar una sinfonía era una de sus actividades favoritas—, él eligió acompañarla con un espíritu entusiasta. Su propósito era claro, no era asistir a la sinfónica, sino amar a Tracie y hablar su lenguaje. Con el tiempo llegó a apreciar la sinfonía y aun ocasionalmente a disfrutar de un movimiento o dos. Él nunca llegaría a ser un amante de esa clase de música, pero ha llegado a ser un experto en amar a Tracie.

U na de las consecuencias de las actividades es que provee un banco de recuerdos del cual tomar en los próximos años.

Las actividades de calidad pueden incluir cosas como ir a ventas de segunda mano, comprar antigüedades, escuchar música, ir juntos de picnic, tomar largas caminatas o lavar juntos el auto en un caluroso día de verano. Las actividades están limitadas solamente por su interés y deseo de probar nuevas experiencias. Los ingredientes esenciales en una actividad de calidad son: (1) por lo menos uno de los dos quiere hacerlo, (2) el otro está dispuesto a hacerlo, (3) ambos saben por qué lo hacen: para expresarse amor estando juntos.

Una de las consecuencias de las actividades de calidad es que provee un banco de recuerdos del cual tomar en los próximos años. Es afortunada la pareja que puede recordar una mañana temprano paseando a lo largo de la costa, la primavera en que plantaron el jardín de flores, el tiempo cuando se lastimaron con hiedra venenosa cazando conejos en el bosque, la noche en que asistieron juntos a su primer partido de baloncesto, la única vez que fueron a esquiar juntos y él se rompió una pierna, los parques de diversiones, los conciertos, las catedrales, y ¡oh, sí!, el temor de pasar por debajo de una catarata después de una caminata de dos millas. Pueden casi hasta sentir la llovizna cuando lo recuerdan. Esas son memorias de amor, especialmente para la persona en que el lenguaje primario del amor es la calidad del tiempo.

¿Y dónde encontraremos tiempo para tales actividades, especialmente si ambos tienen vocaciones fuera del hogar? Hacemos el tiempo, lo mismo que lo hacemos para almorzar y cenar. ¿Por qué? Porque es tan esencial para nuestro matrimonio como lo son las comidas para nuestra salud. ¿Es difícil? ¿Requiere una planificación cuidadosa? Sí. ¿Significa que tenemos que dejar de lado algunas actividades individuales? Tal vez. ¿Significa que hacemos cosas que particularmente no disfrutamos? Ciertamente. ¿Son de valor? Sin ninguna duda. ¿Qué saco yo de eso? El placer de vivir con un esposo que se siente amado y sabe que ha aprendido a hablar fluidamente en su lenguaje del amor.

Una palabra personal de agradecimiento a Bill y Betty en Little Rock, quienes me enseñaron el valor del lenguaje del amor número uno, palabras de afirmación, y el lenguaje del amor número dos, tiempo de calidad. Ahora vamos a Chicago y al lenguaje del amor número tres.

Los cinco lenguajes del amor

Palabras de afirmación
Tiempo de calidad
Recibiendo regalos
Actos de servicio
Toque físico

CAPÍTULO SEIS

Lenguaje de amor # 3: Recibir regalos

E staba en Chicago cuando estudiaba antropología. Mediante etnografías detalladas, visité a pueblos fascinantes de todo el mundo. Fui a América Central y estudié las culturas avanzadas de los mayas y los aztecas. Crucé el Pacífico y estudié las tribus de la Melanesia y la Polinesia. Estudié a los esquimales de la tundra norte y a los aborígenes aünus del Japón. Examiné los patrones culturales del amor y del matrimonio, y descubrí que en todas las culturas que estudié, el dar regalos era una parte del proceso amor-matrimonio.

Los antropólogos están tan enamorados de los patrones culturales que tienden a dominar las culturas; y yo estaba igual. ¿Podría ser que el dar regalos es una expresión tan importante del amor, que trasciende las barreras culturales? ¿Siempre es así, que la actitud de amor está acompañada por el concepto de dar? Esas son preguntas académicas y de alguna manera filosóficas, pero la respuesta es sí, y tiene profundas implicaciones para las parejas occidentales.

Hice un viaje antropológico a la isla de Dominica. Nuestro propósito era estudiar la cultura de los nativos caribeños y en el viaje conocí a Fred. Él no era original del Caribe sino que sus orígenes se remontaban al África. Había perdido una mano en un accidente de pesca con dinamita. Desde el accidente no podía seguir pescando; tenía mucho tiempo disponible y agradecí su compañía. Pasamos muchas horas juntos hablando sobre su cultura.

En mi primera visita a su casa me dijo:

—Señor Gary, ¿quisiera un poco de jugo?

A lo que respondí con entusiasmo. Se volvió a su hermano menor y le dijo:

—Trae un poco de jugo para el señor Gary.

Su hermano se dio la vuelta, bajó por el sendero de tierra, trepó a un árbol de cocos y volvió con un coco verde.

—¡Ábrelo! —ordenó Fred.

Con tres rápidos movimientos de machete, su hermano destapó el coco, haciendo un agujero triangular en la parte superior. Fred me lo dio y dijo:

—Jugo para usted.

Era verde, pero lo tomé —y lo tomé todo— porque sabía que era un regalo de amor. Yo era su amigo y a los amigos se les da jugo.

Al final de nuestras semanas juntos, cuando me preparaba para partir de la pequeña isla, Fred me dio una muestra final de su amor. Era una vara retorcida de catorce pulgadas de largo que había tomado del océano. Era suave de tanto golpear contra las rocas. Fred dijo que esa vara había estado en las playas de Dominica por mucho tiempo, y quería que la tuviera como un recuerdo de esta hermosa isla. Aun ahora, cuando miro esa vara, casi puedo oír el sonido de las olas del Caribe. Pero no es tanto un recuerdo de Dominica como lo es un recuerdo de amor.

Un regalo es algo que usted puede tener en su mano y decir: «Mira, él estaba pensando en mí», o «Ella estaba pensando en mí». Usted debe pensar en alguien para darle un regalo. El regalo mismo es un símbolo de ese pensamiento. No importa si cuesta dinero; lo que importa es si usted pensó en él. Y no es ese pensamiento implantado en la mente solamente lo que cuenta, sino el pensamiento expresado al buscar y conseguir el regalo, y entregarlo como expresión de amor.

Las madres recuerdan los días cuando los hijos les traían flores del jardín como un regalo. Se sentían amadas, aun si era una flor que ellas no querían que nadie la cortara. Desde temprana edad, los niños son inclinados a dar regalos a sus padres, lo cual puede ser otra indicación que el dar regalos es fundamental para el amor.

Los regalos son símbolos visuales del amor. La mayoría de las ceremonias de boda incluyen el dar y recibir anillos. La persona que celebra la ceremonia dice: «Estos anillos son símbolos espirituales y visibles de un lazo espiritual que une sus dos corazones en un amor que no tiene final». Eso no es retórica que no tiene importancia, sino la verbalización de una verdad importante: los símbolos que tienen valor emocional. Tal vez eso es aun más gráficamente demostrado cerca del final de un matrimonio que se desintegra, cuando el esposo o la esposa dejan de usar el anillo de bodas. Es una señal visual de que el matrimonio está en serias dificultades. Un esposo dijo: «Cuando ella me arrojó su anillo de bodas y salió de la casa golpeando la puerta, supe que nuestro matrimonio estaba en serios problemas. No recogí su anillo por dos días. Finalmente, cuando lo hice lloré incontiniblemente». El anillo era un símbolo de lo que debió haber sido, pero allí en su mano y no en el dedo de ella, fue un recordatorio visual de que el matrimonio estaba terminándose. El anillo solitario tocó las emociones profundas del esposo.

Los símbolos visuales de amor son más importantes para unas personas que para otras. Por eso es que los individuos tienen diferentes actitudes hacia los anillos de boda. Algunos nunca se sacan el anillo después de la boda. Otros nunca usan un anillo después de la boda. Esa es otra señal de que las personas tienen diferentes lenguajes principales de amor. Si recibir regalos es mi lenguaje principal de amor, daré gran valor al anillo que ella me ha dado y lo usaré con gran orgullo. También estaré grandemente conmovido por otros regalos que me ha dado a través de los años. Los veré como expresión de amor. Sin los regalos como símbolos visuales puedo llegar a cuestionar su amor.

> **Si el lenguaje principal de amor de un cónyuge es recibir regalos, usted puede ser un excelente dador, porque este es uno de los lenguajes de amor más fáciles de aprender.**

Los regalos vienen en todos los tamaños, colores y formas. Algunos son costosos y otros no cuestan nada. Para el individuo cuyo lenguaje principal de amor es recibir regalos, el costo del regalo importará poco a menos que esté fuera de sus posibilidades. Si un millonario regala solamente algo que vale mil dólares, el cónyuge puede cuestionar si eso es una expresión de amor. Pero cuando la economía de la familia es limitada, un regalo de un dólar puede significar un millón de dólares de amor.

Los regalos pueden ser comprados, encontrados o hechos. El esposo que se detiene en el camino y arranca una flor silvestre para dársela a su esposa, ha encontrado una expresión de amor, a menos que su esposa sea alérgica a las flores silvestres. El hombre que puede pagarlo puede comprar una hermosa tarjeta por poco dinero. El hombre que no puede pagarlo puede hacer una que no le cueste nada. Toma un papel, lo dobla en la mitad, toma una tijera y recorta un corazón, escribe «Te quiero» y pone su nombre. Los regalos no necesitan ser caros.

Pero, ¿qué de la persona que dice: «No soy un dador de regalos. No recibí muchos regalos en mi infancia. Nunca aprendí a escoger regalos. No es algo natural para mí». Felicitaciones, .usted ha hecho el primer descubrimiento para ser un gran amante. Usted y su esposa hablan diferentes lenguajes de amor. Ahora que usted ha hecho ese descubrimiento, póngase a aprender su segundo lenguaje. Si el lenguaje principal de amor de su cónyuge es recibir regalos, usted puede llegar a ser un buen dador. En realidad, es uno de los lenguajes de amor más fáciles de aprender.

¿Dónde comenzar? Haga una lista de todos los regalos que le ha gustado recibir a su cónyuge a través de los años, regalos que usted le ha dado o que le han dado los miembros de la familia u otros amigos. La lista le dará una idea de los regalos que su cónyuge disfrutará. Si usted· tiene poco o ningún conocimiento sobre cómo escoger los regalos de su lista, pida la ayuda de los miembros de la familia que conocen a su ·cónyuge. Mientras tanto, escoja los regalos que le son más fáciles comprar, hacer o encontrar y déselos. No espere una ocasión especial. Si recibir regalos es su lenguaje principal de amor, lo que quiera que usted dé será recibido como una expresión de amor (si su cónyuge ha criticado sus regalos en el pasado y casi nada de lo que le haya dado ha sido aceptable, entonces el recibir regalos, casi con seguridad, no es el lenguaje principal de amor de su pareja).

Regalos y dinero

Si usted va a ser un efectivo dador de regalos, usted tiene que cambiar su actitud en relación con el dinero. Cada uno de nosotros tiene una percepción individualizada de los propósitos del dinero y tenemos diferentes emociones asociadas con el gastarlo. Algunos tenemos orientación para gastar; nos sentimos bien cuando gastamos dinero. Otros tenemos una perspectiva de ahorro e inversión; nos sentimos bien cuando ahorramos e invertimos sabiamente.

Si usted es un gastador, tendrá poca dificultad para comprar los regalos para su cónyuge. Pero si es un ahorrador, experimentará resistencia ante la idea de gastar dinero como expresión de amor. No compra muchas cosas para usted, ¿por qué comprar cosas para su cónyuge? Pero esa actitud en realidad no reconoce que usted *sí* está comprando cosas para usted mismo. Al ahorrar e invertir dinero, usted está comprando seguridad emocional para usted. Está preocupándose de sus necesidades emocionales por la manera en que maneja el dinero. Lo que no está haciendo es suplir las necesidades emocionales de su cónyuge. Si descubre que el lenguaje principal de amor de su cónyuge es recibir regalos, tal vez entenderá que comprar regalos para él o ella es la mejor inversión que puede hacer. Está invirtiendo en su relación y llenando su tanque emocional de amor, y con un tanque de amor lleno, él o ella probablemente le retribuirá el amor en un lenguaje que usted entenderá. Cuando se han suplido las necesidades emocionales de las dos personas, su matrimonio entrará en una nueva dimensión. No se preocupe por sus ahorros; usted siempre será un ahorrador, pero invertir en amar a su cónyuge es invertir con mínimo de riesgo.

El regalo de uno mismo

Hay un regalo intangible que a veces habla más alto que el regalo que se puede tener en la mano. Lo llamo «el regalo de uno mismo», o el regalo de la presencia. Estar allí cuando su cónyuge lo necesita habla muy alto para aquel cuyo lenguaje principal de amor es recibir regalos. Jan me dijo una vez:

—Mi esposo Don ama más al fútbol que a mí.

—¿Por qué dice eso? —le pregunté.

—Cuando nuestro niño nació él estaba jugando fútbol. Yo estaba en el hospital toda la tarde mientras él jugaba fútbol —dijo.

—¿Estaba allí cuando el niño nació?

—Claro que sí. Estuvo hasta que el niño nació, pero después de diez minutos se fue a jugar otra vez. Me sentía desolada. Era un momento muy importante en nuestras vidas. Quería que lo viviéramos juntos, quería que estuviera conmigo; no que me abandonara para ir a jugar.

Ese esposo pudo haber enviado una docena de rosas, pero eso no hubiera hablado tan alto como su presencia en el cuarto del hospital, junto a ella. Jan estaba completamente dolida por esa experiencia. El niño que nació ese día tiene ahora quince años, pero ella recuerda lo que pasó como si hubiera sido ayer. Lo comprobé más adelante:

—¿Sigue pensando que Don amaba más al fútbol que a usted, cuando eso sucedió?

—Claro que sí —dijo—. El día del funeral de mi madre también estaba jugando fútbol. No podía creerlo. Mis hermanos y hermanas vinieron a mi casa, pero mi esposo estaba jugando fútbol.

Más adelante pregunté a Don sobre esos acontecimientos. Él sabía exactamente de lo que estaba hablando.

—Sabía que ella le contaría eso —dijo—. Estuve allí durante todo el tiempo, y cuando el niño nació tomé fotografías y estaba muy feliz. Ansiaba contarles a los muchachos del equipo, pero mi encanto se rompió cuando regresé al hospital esa noche. Ella estaba furiosa conmigo. No podía creer lo que me decía. Pensé que estaría orgullosa de mí por contárselo al equipo.

> **L**a presencia física en el momento crítico es el regalo más poderoso que usted puede dar, si el lenguaje principal de amor de su cónyuge es recibir regalos.

—¿Y cuándo murió la madre de ella?

—Probablemente no le contó que tomé una semana libre antes de que muriera, y que pasé toda la semana en el hospital y en la casa de su madre ayudando. Después de que ella murió y el funeral terminó, sentí que había hecho todo lo que podía. Necesitaba un respiro. Me gusta jugar fútbol, y sabía que eso me ayudaría a relajarme y a aliviarme un poco del estrés. Pensé que ella hubiera querido que descansara un poco. Había hecho lo que pensé que era importante para ella, pero no era suficiente. Ella nunca ha dejado de recordarme esos dos días. Dice que amo al fútbol más que a ella. ¡Eso es ridículo!

Era un esposo sincero que falló en entender el tremendo poder de la presencia. Que él estuviera allí era para su esposa más importante que cualquier otra cosa. La presencia física en tiempos críticos es el regalo más poderoso que usted puede dar si el lenguaje principal de amor de su cónyuge es recibir regalos. Su cuerpo llega a ser el símbolo del amor. Quite el símbolo y el sentido de amor se desvanece. En la consejería, Don y Jan se enfrentaron con las heridas y las incomprensiones del pasado. Con el tiempo Jan pudo perdonarlo, y Don entendió por qué su presencia era tan importante para ella.

Si la presencia física es tan importante para usted, también es importante que usted lo haga saber. No espere que él lea su mente. Si, por el contrario, su cónyuge le dice: «Quiero que estés conmigo ...esta noche, ...mañana, ...esta tarde», tome su petición en serio. Desde su perspectiva eso no puede ser importante, pero si no responde a la petición, puede comunicar un mensaje que usted no hubiera querido. Un esposo dijo una vez: «Cuando murió mi madre, el supervisor de mi esposa dijo que ella podía tomarse dos horas para asistir al funeral, pero que tenía que estar de regreso en la tarde. Mi esposa le dijo que su esposo necesitaba su compañía ese día y que por lo tanto se tomaría todo el día.

»El supervisor replicó: "Si se toma todo el día puede perder su trabajo."

»Mi esposa le respondió: "Mi esposo es más importante que mi trabajo." Así que pasó el día conmigo. Ese día me sentí más amado que nunca por ella. Nunca he olvidado lo que hizo. Desde luego, ella no perdió su trabajo. Su supervisor pronto salió de la empresa y le pidieron que ocupara su lugar». Esa esposa había hablado el lenguaje de amor de su esposo y él nunca lo olvidaría.

Casi todo lo que se ha escrito sobre el tema del amor dice que en el corazón del amor está el espíritu de dar. Los cinco lenguajes del amor, todos ellos, nos invitan a dar a nuestro cónyuge, pero para algunos, recibir regalos, símbolos visibles de amor, habla más alto. Oí la ilustración más gráfica de esa verdad en Chicago cuando conocí a Jim y Janice.

Ellos asistieron a mi seminario sobre matrimonio y ofrecieron llevarme al aeropuerto después del seminario, un sábado por la tarde. Teníamos dos o tres horas antes del vuelo, así que me invitaron a un restaurante. Como tenía hambre, acepté. Esa tarde, sin embargo, tuve mucho más que una comida gratis.

Jim y Janice crecieron en casas de granja del centro de Illinois, a unos cien kilómetros el uno del otro, y se mudaron a Chicago poco después de su boda. Y allí estaba yo, escuchando su historia quince años y tres niños más tarde. Janice comenzó a hablar apenas nos sentamos. Dijo:

—Doctor Chapman, queríamos llevarlo al aeropuerto para poder contarle nuestro milagro.

La palabra *milagro* siempre me pone alerta, especialmente si no conozco a la persona que está hablando. *¿Qué historia increíble voy a oír?* Me pregunté. Pero me guardé todos mis pensamientos y presté toda mi atención a Janice. Estaba a punto de llevarme una gran sorpresa. Ella continuó:

—Doctor Chapman, Dios lo usó a usted para realizar un milagro en nuestro matrimonio.

A esta altura, ya me sentía culpable. Hacía un momento estaba cuestionando su uso del término *milagro*, y ahora, en su mente, yo era el vehículo de un milagro. Ahora escuchaba más atentamente. Janice continuó:

—Hace tres años asistimos a su seminario para matrimonios aquí en Chicago, por primera vez. Estaba desesperada —dijo—. Estaba pensando seriamente en dejar a Jim y así se lo dije. Nuestro matrimonio había estado vacío por mucho tiempo. Me había dado por vencida ya. Durante muchos años me había quejado con Jim, diciéndole que necesitaba su amor, pero él nunca respondió. Yo amaba a los niños y sabía que él me amaba, pero sentía que no recibía nada de su parte. En realidad, por ese tiempo, lo odiaba. Él era una persona metódica, hacía todo por rutina; era predecible como un reloj y nada podía romper su rutina.

«Durante muchos años —continuó—, traté de ser una buena esposa. Cociné, lavé, planché, cociné, lavé, planché. Hice todas las cosas que pensaba que una buena esposa debía hacer. Tenía sexo con él porque sabía que era importante para él, pero sentía que no recibía nada de él. Sentía como si hubiera dejado de tener interés en mí después de que nos casamos, y simplemente se daba por bien servido. Me sentí usada y despreciada. Cuando le hablé a Bill sobre mis sentimientos, se rió y me dijo que tenía un buen matrimonio, como ningún otro en la comunidad. Él no entendía por qué estaba tan infeliz. Me recordó las cuentas que pagaba, la casa y el auto que tenía, que era libre para trabajar o no trabajar fuera de casa y que debería estar feliz en vez de quejarme todo el tiempo. Ni siquiera trató de entender mis sentimientos. Me sentí totalmente rechazada.

»Bueno, así mismo —dijo, tomando su taza de te e inclinándose hacia mí—, vinimos a su seminario hace tres años. Nunca habíamos estado en un seminario matrimonial antes. No sabía qué esperar y francamente no esperaba mucho. Pensé que nadie podía cambiarlo. Durante y después del seminario Jim no habló mucho. Pareció gustarle. Me dijo que fue divertido, pero no habló conmigo sobre ninguna de las ideas del seminario. No esperé mucho de él y no le pedí que hiciera nada. Como le había mencionado, ya me había dado por vencida para entonces.

»Como sabe —me dijo—, el seminario terminó un sábado por la tarde. El sábado en la noche y el domingo fueron como de costumbre. Pero el lunes por la tarde vino de su trabajo y me obsequió una rosa.

—¿Dónde la conseguiste? —le pregunté.

—La compré a un vendedor callejero —me respondió—. Pensé que merecías una rosa.

Y comencé a llorar: —Oh, Jim, es tan lindo de tu parte... En mi mente —continuó— sabía que compró la rosa de un moonie (de la secta de Moon). Había visto al joven vendiendo rosas esa tarde, pero no me llamó la atención. El hecho era que me trajo una rosa. El martes me llamó de la oficina alrededor de la una y treinta y me preguntó qué me parecería si compraba una pizza y la traía a casa para la cena. Me dijo que había pensado que debía descansar un poco de· cocinar esa tarde. Le dije que me parecía una excelente idea, así que trajo la pizza y tuvimos un lindo tiempo juntos. A los niños les encantaba la pizza y agradecieron a su padre por traerla. Le di un abrazo y le dije cuánto me había gustado.

»Cuando vino a casa el miércoles trajo una caja de chocolates a cada uno de los niños y para mí un pequeño macetero con una plantita. Me dijo que la rosa moriría con el tiempo, pero que podría disfrutarla mientras tanto. ¡Comenzaba a pensar que tenía alucinaciones! No podía creer lo que Jim estaba haciendo, ni por qué lo estaba haciendo. El jueves por la noche, después de la cena, me entregó una tarjeta con un mensaje, diciéndome que no siempre puede expresarme su amor, pero esperaba que la tarjeta me diría cuánto yo le importaba. Nuevamente lloré, lo miré, y no pude resistir abrazarlo y besarlo.

—¿Por qué no conseguimos alguien que cuide de los niños el sábado por la noche y nos vamos los dos a cenar afuera? —sugirió.

—Sería maravilloso —dije—. El viernes por la noche se detuvo en la confitería y nos compró a cada uno de nosotros nuestras galletas preferidas. Nuevamente nos sorprendió diciéndonos que tenía algo especial para el postre.

«Para el sábado por la noche —dijo—, estaba en órbita. No tenía idea de lo que le pasaba a Bill, o si duraría, pero estaba disfrutando de cada minuto. Después de nuestra cena en el restaurante, le dije: —Tienes que decirme qué te pasa; no entiendo.

Entonces, ella me miró y me dijo:

—Doctor Chapman, tiene que entender. Este hombre no me había dado nunca una flor desde que nos casamos. Nunca me dio una tarjeta en ninguna ocasión. Siempre dijo: «Es un desperdicio de dinero; miras la tarjeta y la tiras». Habíamos salido a comer solamente una vez en cinco años. Nunca les trajo nada a los niños, y solamente esperaba comprarme lo esencial. Nunca había traído una pizza para la cena. Esperaba que tuviera la cena lista todas las noches. ¡Quiero decir que hubo un cambio radical en su conducta!

Me volví a Jim y le pregunté:

—¿Qué le dijo a ella en el restaurante, cuando le preguntó qué era lo que le estaba sucediendo?

—Le dije que había escuchado su conferencia sobre los lenguajes del amor en el seminario, y que me había dado cuenta que el lenguaje de ella eran los regalos. También me di cuenta que no le había dado un regalo en muchos años, tal vez desde que nos casamos. Recordé que cuando éramos novios le llevaba flores y otros pequeños obsequios, pero después del matrimonio pensé que no tenía que hacerlo. Le dije que me había propuesto darle un regalo cada día por una semana para ver si eso producía algún cambio en ella. Y tengo que admitir que noté una gran diferencia en su actitud durante la semana. También le dije que me había dado cuenta que lo que usted dijo era verdad, y que aprender el lenguaje correcto del amor era la clave para que la otra persona se sintiera amada. Le dije que lamentaba haber sido tan negativo todos esos años y haberle fallado en suplir su necesidad de amor. Le dije que en verdad la amaba y apreciaba debidamente todas las cosas que hacía por mí y los niños. Le dije que, con la ayuda de Dios, iba a ser un dador de regalos el resto de mi vida. Entonces ella me dijo: «Pero Jim, no puedes comprarme regalos todos los días el resto de tu vida. ¡No puedes hacer eso!». «Bueno, tal vez no todos los días, pero por lo menos una vez a la semana. Eso sería cincuenta y dos regalos más por año que lo que recibiste en los últimos cinco años —le dije—. ¿Y quién dijo que los compraré todos? Podría aun hacer algunos de ellos, o poner en práctica la idea del doctor Chapman de arrancar una flor del jardín en la primavera.»

Janice interrumpió:

—Doctor Chapman, creo que no ha fallado ni una semana en tres años. Es un nuevo hombre. No creería lo felices que hemos sido. Nuestros hijos ahora nos llaman «periquitos». Mi tanque está lleno y derramándose.

Volviéndome a Jim le pregunté:

—¿Qué le parece, Jim? ¿Se siente amado por Janice?

—Siempre me he sentido amado por ella, doctor Chapman. Es la mejor ama de casa del mundo. Es una excelente cocinera. Tiene mi ropa limpia y planchada. Es maravillosa haciendo cosas para los niños. Sé que me ama.

Sonrió y dijo:

—Ahora, usted sabe cuál es mi lenguaje de amor, ¿verdad?

Lo sabía, y sabía por qué Janice había usado la palabra *milagro*.

Los regalos no necesitan ser costosos ni deben ser semanales, pero para algunas personas, su valor no tiene nada que ver con el dinero y mucho que ver con el amor.

En el Capítulo siete aclararemos el lenguaje de amor de Jim.

Los cinco lenguajes del amor

Palabras de afirmación
Tiempo de calidad
Recibiendo regalos
Actos de servicio
Toque físico

❦

CAPÍTULO SIETE

Lenguaje de amor # 4: Actos de servicio

Antes de dejar a Jim y Janice, examinemos la respuesta de Jim a mi pregunta:

—¿Se siente amado por Janice?

—Siempre me he sentido amado por ella, doctor Chapman. Ella es la mejor ama de casa del mundo. Es una excelente cocinera. Tiene mis vestidos limpios y planchados. Es maravillosa haciendo cosas con los niños. Sé que me ama.

El lenguaje principal de amor de Jim era lo que yo llamo «actos de servicio». Por actos de servicio quiero decir hacer cosas que usted sabe que a su cónyuge le gusta que usted haga. Usted busca agradarlo sirviéndolo, para expresar su amor por él y haciendo cosas para él.

Tales acciones, como cocinar, servir una mesa, lavar platos, pasar una aspiradora, limpiar una cómoda, sacar los cabellos del resumidero, quitar las manchas del espejo, quitar los insectos del parabrisas, sacar la basura, cambiar los pañales del niño, pintar un dormitorio, desempolvar los anaqueles, mantener el auto en condiciones de operación, lavar el auto, limpiar el garaje, podar el césped, recortar los arbustos, recoger las hojas, desempolvar las persianas, sacar a pasear al perro, cambiar la caja del gato, cambiar el agua del acuario de peces, etcétera, todos son actos de servicio. Requieren pensamiento, planificación, tiempo, esfuerzo y energía. Si se hacen con un espíritu positivo, son en verdad expresiones de amor.

Jesucristo dio una simple pero profunda ilustración de la expresión del amor por medio de un acto de servicio cuando lavó los pies de sus discípulos. En una cultura donde la gente usaba sandalias y caminaba por las calles polvorientas, era costumbre que el siervo de la familia lavara los pies de los invitados cuando estos llegaban. Jesús, que había enseñado a sus discípulos a amarse el uno al otro, les dio ejemplo de cómo expresar ese amor al tomar una palangana y una toalla, y procedió a lavar sus pies.[1] Después de esa simple expresión de amor, los animó a seguir su ejemplo.

Anteriormente, Jesús había indicado que en su Reino los que quisieran ser grandes serían siervos. En la mayoría de las sociedades, los que son grandes se enseñorean sobre los que son más pequeños, pero Jesucristo dijo que los que eran grandes debían servir a los demás. El apóstol Pablo resumió esa filosofía cuando dijo: «Servíos los unos a los otros en amor.»[2]

Descubrí el impacto de los actos de servicio en la pequeña villa de China Grove, en Carolina del Norte. China Grove fue asentada originalmente entre arbustos de frambuesa china, no lejos del legendario Mayberry, de Andy Griffith, y a una hora y media del Monte Pilot. Al momento de escribir esta historia China Grove es ya un pueblo textil con una población de 1.500 habitantes. Yo había estado lejos por más de diez años, estudiando antropología, sicología y teología, y cumplía mi visita semianual para mantenerme en contacto con mis raíces.

Conocía a casi todos menos al doctor Shin y al doctor Smith, quienes trabajaban en la fábrica de tejidos. El doctor Shin era el médico y el doctor Smith era el dentista. Y por supuesto allí estaba el predicador Blackburn, que era el pastor de la iglesia. Para la mayoría de parejas en China Grove, la vida se centraba en el trabajo y en la iglesia. La conversación de toda la fábrica tenía que ver con la última decisión del superintendente y cómo afectaba ésta a sus trabajos en particular. Los servicios en la iglesia se centraban principalmente en los anticipados gozos del cielo. En ese prístino escenario americano descubrí el lenguaje de amor número cuatro.

Estaba bajo un árbol, luego de haber salido de la iglesia un domingo, cuando Mark y Mary se me acercaron. No los reconocí a ninguno de ellos. Supuse que habrían crecido mucho mientras yo estaba lejos. Mark se presentó diciendo:

—Sé que ha estado estudiando consejería.

Sonreí y dije:

—Bueno, un poquito.

—Tengo una pregunta —dijo—. ¿Puede una pareja permanecer casada si no se ponen de acuerdo en nada?

Esta era una de esas preguntas teóricas que yo sabía que tenían una raíz personal. Hice a un lado la naturaleza teórica de su pregunta y le hice una pregunta personal.

—¿Por cuánto tiempo han estado casados?

—Dos años —respondió—. Y no nos ponemos de acuerdo en nada.

—Déme algunos ejemplos —continué.

—Bueno, uno es que a Mary no le gusta que yo vaya de cacería. Trabajo en la fábrica toda la semana y me gusta ir de cacería los sábados. No todos los sábados, sino cuando es temporada.

Mary, que había estado callada hasta este momento, interrumpió:

—Y cuando la temporada de cacería termina, él se va de pesca, y además no caza solamente los sábados; a veces hasta deja de trabajar para ir a cazar.

—Una o dos veces al año dejo de trabajar uno o dos días para ir de cacería a las montañas, con algunos compañeros. No creo que hay nada malo en eso.

—¿En qué más no se ponen de acuerdo? —pregunté.

—Bueno; ella quiere que vaya a la iglesia todo el tiempo. No me importa ir el domingo por la mañana, pero el domingo por la noche quiero descansar. Está bien si ella quiere ir, pero no creo que yo deba ir.

Nuevamente Mary habló:

—En verdad no quieres que vaya tampoco —dijo—. Haces un alboroto cada vez que paso la puerta.

Sabía que las cosas no se iban a solucionar en un día caluroso bajo la sombra de un árbol frente a una iglesia, pero como un joven aspirante a consejero, temía que ya no podía parar el asunto, y como había sido entrenado para preguntar y escuchar, continué:

—¿En qué otras cosas no están de acuerdo?

En esta ocasión fue Mary quien respondió:

—Quiere que permanezca en el hogar todo el día y que trabaje en la casa —dijo—. Se pone furioso si voy a ver a mi madre, o voy de compras o algo.

—No me importa que vaya a ver a su madre —dijo él—, pero cuando vuelvo a casa me gusta ver todo limpio. Algunas semanas no arregla la cama por tres o cuatro días, y la mitad del tiempo ni siquiera ha comenzado a preparar la cena. Yo trabajo mucho y me gusta comer cuando llego a casa. Además la casa es un verdadero caos —continuó el muchacho—. Las cosas del niño están tiradas por el piso, el niño está sucio y a mí no me gusta la inmundicia. Ella parece feliz de vivir en un chiquero. No tenemos muchas cosas, vivimos en una casa pequeña de la fábrica, pero por lo menos debe estar limpia.

—¿Qué hay de malo si él me ayuda en la casa? —preguntó Mary—. Él se comporta como un esposo que cree que no debe hacer nada en la casa. Todo lo que quiere es trabajar y cazar. Quiere que yo haga todo. ¡Hasta quiere que lave el auto!

Pensando que sería mejor comenzar a buscar soluciones antes que continuar buscando más desacuerdos, miré a Mark y le pregunté:

—Mark, cuando estaban de novios, antes que se casaran, ¿se iba de cacería todos los sábados?

—La mayoría de los sábados —dijo—, pero siempre llegaba a casa a tiempo para verla el sábado por la noche. La mayor parte de las veces llegaba a casa a tiempo para lavar mi camión antes de ir a verla. No me gustaba ir a verla con un camión sucio.

—Mary, ¿qué edad tenía cuando se casó? —le pregunté.

—Dieciocho años —dijo—. Nos casamos poco después de que terminé mi escuela secundaria. Mark se graduó un año antes que yo y ya estaba trabajando.

—Durante los años de escuela secundaria, ¿con qué frecuencia Mark la visitaba? —inquirí.

—Venía casi todas las noches —dijo ella—. En verdad, venía por las tardes y a menudo se quedaba y comía con mi familia. Me ayudaba a hacer los trabajos de la casa y luego nos sentábamos y conversábamos hasta la hora de la comida.

—Mark, ¿qué hacían los dos después de la comida? —pregunté.

Mark me miró con una sonrisa de vergüenza y dijo:

—Bueno, lo que hacen los novios, usted sabe.

—Pero si yo tenía un trabajo de la escuela —dijo Mary—, él me ayudaba. A veces pasábamos horas en esos trabajos. Yo estaba encargada de la carroza alegórica de

Navidad, y me ayudó por tres semanas todas las tardes. Fue hermoso.

Cambié el giro y me concentré en la tercer área de su desacuerdo.

—Mark, cuando estaba de novio, ¿iba a la iglesia con Mary los domingos por la noche?

—Sí, iba —respondió—. Si no iba a la iglesia con ella no podría verla esa noche. Su padre era estricto en ese sentido.

—Él nunca se quejaba —dijo Mary—. En realidad, parecía disfrutarlo. Inclusive nos ayudaba con el programa de Navidad. Después de que terminamos de hacer la carroza alegórica comenzamos a trabajar en el programa para la iglesia. Pasamos como dos semanas trabajando en eso. Él es muy bueno cuando se trata de pintar y de arreglar escenarios.

Pensé que comenzaba a ver algo de luz, pero no estaba seguro si Mark y Mary lo veían. Me volví a Mary y le pregunté:

—Cuando estaba de novia con Mark, ¿qué la convenció de que realmente la amaba? ¿Qué lo hacía diferente de los otros muchachos con los que salía?

—La manera en la que me ayudaba en todo —dijo—. Estaba ansioso de ayudarme. Ninguno de los otros muchachos jamás expresaron ningún interés en esas cosas, pero parecía muy natural para Mark. Aun me ayudaba a lavar los platos cuando comía en nuestra casa. Era la persona más maravillosa que había conocido, pero después que nos casamos eso cambió. No me ayudó en nada.

Volviéndome a Mark le pregunté:

—¿Por qué cree que hizo todas esas cosas para y con ella antes del matrimonio?

—Me parecía natural —dijo—. Es lo que quisiera que hicieran conmigo si me amaran.

—¿Y por qué cree que dejó de ayudarla después de que se casaron? —le pregunté.

—Bueno, pensé que sería como en mi familia. Papá trabajaba y mamá cuidaba de todas las cosas en la casa. Nunca vi a mi padre limpiar el piso, lavar los platos o hacer ninguna tarea doméstica. Puesto que mamá no trabajaba fuera de la casa, mantenía todo limpio, cocinaba, lavaba y planchaba. Pensaba que esa era la manera en que tenía que ser.

Esperando que Mark viera lo que yo veía, le pregunté:

—Mark, hace un momento, ¿qué oyó decir a Mary cuando le pregunté qué era lo que la había hecho sentirse amada cuando eran novios?

Respondió:

—Ayudarla y hacer las cosas con ella.

Las peticiones dan dirección al amor, pero las demandas detienen el flujo del amor.

—Así que, ¿entiende —continué—, por qué no se ha sentido amada ella cuando usted dejó de ayudarla con sus cosas?

Asintió con la cabeza. Continué:

—Fue normal para usted seguir el modelo de su padre y su madre en el matrimonio. Casi todos tenemos esa tendencia, pero su conducta hacia Mary tuvo un cambio radical con respecto al noviazgo. Lo único que le aseguraba a ella su amor, desapareció.

Pregunté a Mary:

—¿Qué oyó decir a Mark cuando le pregunté: «Por qué hizo todas esas cosas para ayudar a Mary cuando eran novios?»

—Dijo que era natural para él —replicó.

—Así es —dije—. También dijo que eso es lo que quisiera que alguien haga por él si lo amara. Él hacía esas cosas para usted y con usted, porque en su mente esa era la manera en que cualquiera muestra amor. Una vez que se casaron y vivieron en su casa, él esperaba que usted hiciera cosas que demostraran que usted lo amaba, como mantener limpia la casa, cocinar, etcétera; en resumen, usted tendría que hacer cosas para expresarle su amor. Cuando él no la vio hacer esas cosas, ¿entiende por qué no se sintió amado?

Mary asintió con la cabeza. Continué:

—Pienso que la razón por la cual ambos son infelices en el matrimonio es que ninguno de ustedes muestra su amor haciendo nada por el otro.

Mary dijo:

—Pienso que está en lo cierto, y la razón por la que dejé de hacer cosas para él es porque me ha ofendido su espíritu exigente. Es como si quisiera hacerme igual a su madre.

—Así es —dije—, y a nadie le gusta ser forzado a hacer nada. El amor se da libremente. No se puede exigir amor. Las peticiones dan dirección al amor, pero las demandas detienen el flujo del amor.

Mark interrumpió y dijo:

—Ella tiene razón, doctor Chapman. He sido demandante y crítico porque he estado desilusionado de ella como esposa. Sé que he dicho algunas cosas crueles y entiendo por qué ella está tan enojada conmigo.

—Pienso que las cosas pueden cambiar muy fácilmente en este momento —dije. Saqué dos tarjetas de mi bolsillo—. Probemos algo. Quiero que cada uno de ustedes se siente en los escalones de la iglesia y escriba una lista de peticiones. Mark, quiero que haga una lista de tres o cuatro cosas que, si Mary decide hacerlas, lo harán sentirse amado cuando llegue a la casa por las tardes. Si arreglar la cama es tan importante para usted, entonces escríbalo. Mary, quisiera que haga una lista de tres o cuatro cosas que quisiera que Mark la ayudara a hacer, cosas que, si él decide hacerlas, la ayudarían a saber que él la ama. (Me gustan las listas; ayudan a pensar en forma concreta).

Después de cinco o seis minutos me entregaron sus listas. La de Mark decía:

1. Arreglar las camas todos los días.

2. Tener lavada la cara del niño cuando llegue a casa.

3. Guardar sus zapatos en el guardarropa antes que llegue a casa.

4. Haber comenzado a cocinar antes que llegue a casa para que podamos comer en 30 ó 45 minutos después de mi llegada.

Leí la lista en voz alta y dije a Mark:

—Entiendo que si ella acepta cumplir con esto usted lo tomará como un acto de amor hacia usted.

—Así es —dijo—. Si ella hace esas cuatro cosas, habrá recorrido un gran trecho en mi cambio de actitud hacia ella.

Entonces leí la lista de Mary:

1. Quiero que lave el auto todas las semanas en vez de esperar que yo lo haga.

2. Quiero que cambie los pañales del niño cuando llegue a casa por la tarde, especialmente si estoy cocinando.

3. Quiero que pase la aspiradora en la casa una vez a la semana.

4. Quiero que corte el césped todas las semanas en el verano y no deje que crezca tanto, lo que me hace sentir avergonzada por mi patio.

Le dije:

—Mary; entiendo que dice que si Mark acepta hacer estas cuatro cosas, tomará estas acciones como verdaderas expresiones de amor hacia usted.

—Así es —dijo—. ¡Sería maravilloso si él hiciera esas cosas!

—¿Le parece razonable esta lista, Mark? ¿Es factible para usted hacer estas cosas?

—Sí —dijo.

—Mary, las cosas de la lista de Mark le parecen razonables y factibles para usted? ¿Podría hacerlas si se decide?

—Sí —dijo—. Puedo hacer esas cosas. En el pasado me he sentido abrumada porque no importaba lo que hiciera, nunca era suficiente.

—Mark —dije—, entiendo que estoy sugiriendo un cambio de modelo de matrimonio distinto del que su padre y su madre tenían.

—¡Oh! —dijo—, ¡mi padre cortaba el césped y lavaba el auto!

—Pero él no cambiaba los pañales ni limpiaba el piso, ¿verdad?

—Así es —dijo.

—No tiene que hacer esto, ¿entiende? Si lo hace, sin embargo, será un acto de amor para Mary.

Y a Mary le dije:

—Usted debe entender que no tiene que hacer estas cosas, pero si quiere expresar su amor para Mark, aquí están cuatro maneras que serán significativas para él. Quiero sugerirle que las ensayen por dos meses y vean si ayudan a mejorar la relación. Al final de los dos meses, ustedes pueden añadir peticiones adicionales a su lista y compartirlas con el otro. Sin embargo, no deben añadir más de una petición por mes.

—Esto tiene sentido —dijo Mary.

—Creo que nos ha ayudado —dijo Mark.

Se tomaron de la mano y se fueron hacia su automóvil. Me dije en voz alta: *«Creo que para esto es la iglesia. Voy a ser feliz siendo consejero».* Nunca he olvidado el discernimiento que obtuve bajo ese árbol de frambuesas chinas.

L*o que hacemos por cada uno antes del matrimonio no es una indicación de lo que haremos después del matrimonio.*

Después de años de investigación comprendí qué situación única me presentaron Mark y Mary. Rara vez me topo con una pareja en la que los dos hablan el mismo lenguaje de amor. Para ambos, los «actos de servicio» era su lenguaje principal de amor. Cientos de individuos pueden identificarse con Mark o con Mary, y reconocer que la manera principal en la que ellos se sienten amados es por aquellos actos de servicio de parte de su cónyuge. Guardar los zapatos, cambiar los pañales, lavar los platos o el auto, limpiar o podar habla mucho para aquel individuo para quien los actos de servicio son el lenguaje principal de amor.

A lo mejor usted se preguntará: *Si Mark y Mary tenían el mismo lenguaje principal de amor, ¿por qué tenían tantas dificultades?* La respuesta radica en el hecho de que los dos hablaban diferentes dialectos. Hacían cosas para el otro pero no las más importantes; cuando fueron forzados a pensar concretamente, fácilmente identificaron sus dialectos específicos. Para Mary era lavar el auto, cambiar los pañales, limpiar el piso y podar el césped, mientras que para Mark era arreglar la cama, lavar la cara del niño, guardar los zapatos y tener la cena preparándose cuando él llegara a casa. Cuando comenzaron a hablar los dialectos adecuados, su tanque de amor comenzó a llenarse. Puesto que los actos de servicio eran su lenguaje principal de amor, aprender el lenguaje específico del otro era relativamente fácil para ellos.

Antes de dejar a Mark y Mary me gustaría hacer otras observaciones. Primero, ellos ilustran claramente que aquello que hacemos antes del matrimonio no es ninguna indicación de lo que haremos después de la boda. Antes de casarnos somos empujados por la fuerza de la obsesión del enamoramiento. Después volvemos a ser lo que éramos antes de enamorarnos. Nuestras acciones son influidas por el modelo de nuestros padres, por nuestra propia personalidad, nuestra percepción del amor, nuestras emociones, necesidades y deseos. Solamente una cosa es cierta en relación con nuestra conducta: no será la misma conducta que teníamos cuando estábamos atrapados en el enamoramiento.

Eso me lleva a la segunda verdad ilustrada por Mark y Mary: el amor es una condición que no puede ser coercionada. Mark y Mary se criticaban mutuamente sus conductas y no iban a ninguna parte. Una vez que comenzaron a hacerse peticiones más que demandas, su matrimonio comenzó a restablecerse. Las críticas y las demandas tienen la tendencia de llevarnos a los extremos. Con suficiente crítica usted puede conseguir que su cónyuge haga algo que usted quiere, pero no lo hará como una expresión de amor. Usted puede dar una dirección al amor haciendo peticiones: «Quiero que laves el auto, cambies los pañales del niño, que cortes el césped», pero no puede crear la voluntad de amar. Cada uno de nosotros debe decidir diariamente amar o no amar a su cónyuge. Si decidimos amar entonces expresémosb de la manera en que las peticiones de nuestro cónyuge hagan nuestro amor más afectivo emocionalmente.

Hay una tercera verdad que sólo el amante maduro puede oír. La crítica de mi cónyuge en relación con mi conducta me da el indicio más claro de cuál es su lenguaje principal de amor. Las personas tienden a criticar más a su cónyuge en el área en la que ellas tienen la necesidad más grande. Su crítica es una manera inefectiva de pedir amor. Si entendemos eso, puede ayudarnos a procesar su crítica de una manera más productiva. Una esposa puede decir a su esposo, después de oír una crítica: «Suena como que es demasiado importante para ti. ¿Podrías explicar por qué es tan importante?» La crítica necesita a menudo una aclaración. Iniciar una conversación puede cambiar la crítica en una petición, en lugar de quedar como una demanda. La constante condenación de Mary por la cacería de Mark no era una expresión de odio de ella por la caza, sino que ella culpaba a la caza de impedir que Mark lavara el auto, limpiara la casa y cortara el césped. Cuando él aprendió a llenar la necesidad de amor de ella, usando su lenguaje principal de amor, ella fue libre para apoyarlo en sus actividades de caza.

¿Monigote o esposa?

«Le he servido por veinte años. He dependido de él para todo. He sido su monigote, no me ha tomado en cuenta para nada, me ha maltratado, me ha humillado delante de mis amigas y de la familia. No lo odio, no le deseo ningún mal, pero me ha herido y ya no quiero vivir más con él». Esa esposa ha realizado actos de servicio por veinte años, pero no han sido expresiones de amor. Fueron cosas que hizo por temor, culpa y resentimiento.

Un monigote es un objeto inanimado. Puede hacer lo que quiera con él. Puede ser su siervo pero no su compañero. Cuando tratamos a nuestros cónyuges como objetos, descartamos la posibilidad del amor. La manipulación por medio de la culpa («Si fueras un buen cónyuge harías esto por mí») no es un lenguaje de amor. La coerción por el temor («Tú harás esto o lo lamentarás») es ajena al amor.

D*ebido a los cambios sociológicos de los últimos treinta años, ya no hay un estereotipo común del papel masculino y femenino en la sociedad occidental.*

Ninguna persona puede ser un monigote. Podemos dejar que nos utilicen, pero en realidad somos criaturas con emociones, pensamientos y deseos. Y tenemos la capacidad de tomar decisiones y actuar. Dejar que otros nos usen o manipulen no es un acto de amor. En realidad es un acto de traición. Usted está permitiendo que él o ella desarrollen hábitos inhumanos. El amor dice: «Te amo demasiado para permitir que me trates de esta manera. No es bueno para ti ni para mí.»

Vencer los estereotipos

Aprender el lenguaje amoroso de los actos de servicio requerirá que algunos de nosotros examinemos nuestros estereotipos de los papeles de los esposos y las esposas. Mark estaba haciendo lo que la mayoría de nosotros hacemos naturalmente. Estaba siguiendo el modelo del papel de sus padres. Pero ni siquiera eso lo estaba haciendo bien. Su padre lavaba el auto y cortaba el césped. Mark no lo hacía, pero esa era la imagen mental que tenía de lo que un esposo debería hacer. Definitivamente no se imaginaba pasando la aspiradora al piso ni cambiando los pañales del niño. Le damos crédito de querer romper este estereotipo cuando comprendió cuán importante era para Mary. Eso es lo que necesitamos hacer todos nosotros si el lenguaje principal de amor de nuestro cónyuge nos pide algo que nos parece inapropiado para nuestro papel.

Debido a los cambios sociológicos de los últimos treinta años, ya no hay un estereotipo común de los papeles masculino y femenino en la sociedad norteamericana. Sin embargo, eso no quiere decir que se hayan removido todos los estereotipos. Significa más bien que el número de estereotipos se ha multiplicado. Antes de los días de la televisión, la idea que una persona tenía de lo que la esposa y el esposo debían hacer y cómo debían relacionarse estaba influida principalmente por los padres de uno. Con la penetración de la televisión y la proliferación de las familias con un solo padre, sin embargo, los modelos de papeles son influidos a menudo por fuerzas fuera del hogar. Cualesquiera que sean sus percepciones, seguramente su cónyuge percibe los papeles maritales de una manera diferente a como usted lo hace. Se necesita un deseo de examinar y cambiar los estereotipos para expresar el amor más efectivamente. Recuerde: el mantener los estereotipos no da réditos, pero sí hay grandes beneficios en llenar las necesidades emocionales de su cónyuge.

Recientemente una esposa me dijo:

—Doctor Chapman, voy a enviar a todos mis amigos a su seminario.

—¿Y por qué lo haría? —inquirí.

—Porque eso ha cambiado radicalmente nuestro matrimonio —dijo—. Antes del seminario, Bob nunca me ayudaba en nada. Los dos comenzamos nuestras carreras enseguida que salimos de la universidad, pero mi papel fue siempre hacer todo en la casa. Era como si nunca se hubiera cruzado por su mente el ayudarme en nada. Después del seminario, vino y me preguntó: «¿En qué puedo ayudarte esta noche?» ¡Era sorprendente! Al principio no podía creer que fuera real, pero ha persistido por tres años. Tengo que admitir que hubo momentos difíciles y hasta humorísticos en esas primeras semanas, porque él no sabía cómo hacer nada. La primera vez que se puso a lavar ropa usó blanqueador no diluido en vez de detergente corriente. ¡Nuestras toallas azules salieron con lunares blancos! Luego puso «lo que sobraba» de la limpieza del baño en la pileta de la cocina, del lado del triturador. Sonaba raro y luego comenzaron a salir burbujas de jabón. No sabía lo que pasaba hasta que apagué el triturador de basura, metí mi mano y saqué lo que quedaba de una barra de jabón del tamaño de un cuarto. Pero él me estaba amando en mi lenguaje, y mi tanque estaba llenándose. Ahora él sabe cómo hacer todas las cosas en la casa y siempre anda buscando cómo ayudarme. Pasamos mucho tiempo juntos porque no tengo que trabajar todo el tiempo. Créame, he aprendido el lenguaje de él y tengo el tanque lleno.

¿Es así de sencillo?

Sencillo sí. Fácil no. Bob tuvo que hacer muchos esfuerzos para romper el estereotipo con el que había vivido por treinta y cinco años. No fue fácil. Pero él diría que aprender el lenguaje de amor de su cónyuge, y decidir «hablarlo» causó un gran impacto en el ambiente emocional del matrimonio. Ahora, vayamos al lenguaje de amor número cinco.

NOTAS
1. Juan 13:3-17
2. Gálatas 5:13

Los cinco lenguajes del amor

Palabras de afirmación
Tiempo de calidad
Recibiendo regalos
Actos de servicio
Toque físico

❦

CAPÍTULO OCHO

Lenguaje de amor #5: Toque físico

Hemos sabido desde siempre que el contacto físico es una manera de comunicar amor. Numerosas investigaciones en el campo del desarrollo infantil han llegado a esta conclusión: los niños que son tenidos en los brazos, abrazados y besados desarrollan una vida emocional más saludable que los que son dejados solos por largo tiempo sin contacto físico. La importancia de tocar a los niños no es una idea moderna. En el primer siglo, los hebreos que vivían en Palestina, reconociendo que Jesús era un gran maestro, traían a los niños «para que los tocara.»[1] Usted recuerda que los discípulos de Jesús reprendieron a esos padres porque pensaban que Jesús estaba demasiado ocupado para una actividad «tan frívola». Pero las escrituras dicen que Jesús se indignó con los discípulos y les dijo: «Dejad a los niños venir a mí, y no se lo impidáis; porque

113

de los tales es el reino de Dios. De cierto os digo, que el que no reciba el reino de Dios como un niño, no entrará en él. Y tomándolos en los brazos, poniendo las manos sobre ellos, los bendecía».[2] Los padres sabios, en cualquier cultura, son los padres que tocan a sus niños.

El contacto físico es también un poderoso vehículo para comunicar el amor marital. Tenerse de las manos, besarse, abrazarse y tener relaciones sexuales son los medios de comunicar el amor al cónyuge. Para algunos individuos, el contacto físico es su lenguaje amoroso principal. Sin eso, no se sienten amados. Con eso, su tanque emocional está lleno y se sienten seguros del amor de su cónyuge.

Los antiguos decían: «La manera de llegar al corazón de un hombre es a través de su estómago». Más de un hombre han sido «engordados para el matadero» por mujeres que han creído esta filosofía. Los antiguos, por supuesto, no estaban pensando en el corazón físico, sino en el centro romántico del hombre. Sería más apropiado decir: «El camino para el corazón de algunos hombres es a través de su estómago». Recuerdo aquel esposo que me dijo:

—Doctor Chapman, mi esposa es una cocinera de primera categoría. Pasa horas en la cocina. Ella hace estas comidas muy elaboradas. ¿Yo? Yo soy un hombre de carne y papas. Yo le digo que está desperdiciando su tiempo; sólo quiero comida sencilla. Ella se ofende y dice que no aprecio lo que hace. Yo lo aprecio. Solamente quiero que no se complique demasiado y no pase tanto tiempo preparando las comidas elaboradas. Entonces tendríamos más tiempo juntos, y ella tendría la energía para hacer otras cosas.

Obviamente, esas «otras cosas» estaban más cerca a su corazón que las comidas complicadas.

La esposa de ese hombre era una amante frustrada. En la familia en la que ella creció, su madre era una excelente cocinera y su padre apreciaba sus esfuerzos. Recuerda haber oído a su padre decir a su madre: «Cuando me siento ante comidas como ésta, es fácil para mí amarte». Su padre era una fuente de comentarios positivos para su madre, por su habilidad para la cocina. En público y en privado él alababa sus habilidades culinarias. Esa hija aprendió bien del ejemplo de su madre. El problema era que no estaba casada con su padre. Su esposo tenía un lenguaje amoroso diferente.

En mi conversación con este esposo, no tomó mucho tiempo descubrir que las «otras cosas» para él significaban sexo. Cuando su esposa respondía sexualmente se sentía seguro de su amor. Pero cuando, por cualquier razón, ella se retiraba sexualmente de él, todas sus habilidades culinarias no lo convencían de que ella realmente lo amaba. Él no objetaba las comidas elaboradas, pero en su corazón eso jamás podría sustituir a lo que consideraba que era el «amor».

La relación sexual, sin embargo, es sólo uno de los dialectos en el lenguaje amoroso del toque físico. De los cinco sentidos, el tacto, a diferencia de los otros cuatro, no se limita solamente a determinada área del cuerpo. A través de todo el cuerpo se encuentran localizados unos diminutos receptores táctiles y sensoriales. Cuando esos lugares son tocados o presionados, los nervios llevan esos impulsos al cerebro. El cerebro, por su parte, interpreta estos impulsos, por lo que percibimos que la cosa que nos tocó es caliente o fría, dura o suave, si causa dolor o placer. También podemos interpretarla como amante u hostil.

Algunas partes del cuerpo son más sensibles que otras. La diferencia se debe al hecho de que los diminutos receptores táctiles no están esparcidos indistintamente por el cuerpo, sino colocados en grupos. Así, la punta de la lengua es altamente sensible al tacto, mientras que la espalda o los hombros son menos sensibles. Las puntas de los dedos o la punta de la nariz son otra áreas extremadamente sensibles. Nuestro propósito, sin embargo, no es entender la base neurológica del sentido del tacto, sino más bien su importancia sicológica.

El contacto físico puede producir o romper una relación. Puede comunicar odio o amor. Para la persona cuyo lenguaje principal de amor es el contacto físico, el mensaje sonará más alto que las palabras: «Te odio» o «Te amo». Una bofetada en la cara es perjudicial para cualquier niño, pero es devastador para un niño cuyo lenguaje principal es el toque físico. Lo mismo sucede con los adultos.

El contacto físico puede producir
o romper una relación. Puede
comunicar odio o amor.

En el matrimonio, el contacto de amor puede tomar muchas formas. Como los receptores al tacto están localizados por todo el cuerpo, el tocar cariñosamente a su cónyuge casi en todo el cuerpo puede ser una expresión de amor. Eso no significa que todos los toques son iguales. Algunos traerán más placer a su cónyuge que otros. Su mejor instructor es su cónyuge mismo, por supuesto. Después de todo, es el único al que usted quiere amar. Él sabe mejor que nadie lo que es un toque de amor de su parte. No insista en tocarlo a su manera o cuando usted quiera; aprenda a hablar su dialecto de amor. Su cónyuge puede encontrar algunos toques incómodos o irritantes. Insistir en continuar esos toques es comunicar lo opuesto de amor. Eso indica que usted no es sensible a sus necesidades y que le importan poco las percepciones de su cónyuge acerca de lo que es agradable. No cometa la equivocación de creer que el toque que le brinda placer a usted, también le brindará placer a su pareja.

El contacto de amor puede ser explícito y demanda toda la atención, ya sea para un masaje de la espalda o para las caricias sexuales que culminan en el coito. Por otro lado, el contacto sexual puede ser implícito y requiere sólo un momento, tal como poner su mano sobre su hombro mientras sirve una taza de café, o rozar su cuerpo cuando va a la cocina. Los contactos explícitos obviamente toman más tiempo, no solamente para el contacto sino para desarrollar el entendimiento de cómo comunicar amor a su cónyuge de esta manera. Si un masaje de la espalda comunica el amor en voz más alta, entonces el dinero, el tiempo y la energía que se gasta en aprender a ser un buen masajista estará bien invertido. Si la relación sexual es el dialecto principal de su compañero, leer y aprender sobre el arte del amor sexual mejorará su expresión de amor.

El contacto de amor implícito requiere poco tiempo, pero mucho entendimiento, especialmente si el contacto físico no es su lenguaje principal de amor y usted no ha crecido en una familia dada a las caricias. Sentarse muy juntos en el sofá para mirar su programa favorito de televisión no requiere tiempo adicional, pero puede comunicar altamente su amor. Tocar a su cónyuge yendo donde está sentado, al otro lado de la habitación, toma sólo un momento. Tocarse el uno al otro cuando se sale de la casa y cuando se regresa puede consistir solamente en un breve beso o abrazo, pero dice mucho a su cónyuge.

Una vez que descubra que el contacto físico es el lenguaje principal de amor de su cónyuge, usted está limitado solamente por su imaginación en cuanto a las maneras de expresar amor. Descubrir nuevas maneras y lugares para el contacto físico o las caricias puede ser un desafío emocionante. Si usted no ha sido un «acariciador escondido» podría descubrir que se añade una nueva faceta al hecho de comer afuera con su cónyuge. Si no está acostumbrado a tomarle las manos en público, usted puede llenar el tanque emocional de su cónyuge mientras caminan por el patio de estacionamiento. Si usted normalmente no la besa tan pronto como entran en el automóvil, descubrirá que esto hace mucho más gratificantes sus viajes. Abrazar a su cónyuge antes de que vaya de compras, no solamente puede expresar amor sino que hará que vuelva más pronto a casa. Pruebe nuevos toques en nuevos lugares y deje que su cónyuge le haga saber si los encuentra agradables o no. Recuerde: su cónyuge tiene la palabra final. Usted está aprendiendo a hablar su lenguaje.

El cuerpo es para tocarlo

Todo lo que hay de mí está en mi cuerpo. Tocar mi cuerpo es tocarme. Alejarse de mi cuerpo es alejarse de mí. En nuestra sociedad, darse las manos es una manera de comunicar apertura y acercamiento social a otra persona. Cuando en raras ocasiones un hombre rehúsa dar la mano a otra persona, comunica un mensaje de que las cosas no están bien en su relación. Todas las sociedades tienen alguna forma de contacto físico como medio de saludo social. El hombre norteamericano promedio no se siente cómodo con el abrazo de oso y el beso europeos, pero en Europa eso tiene la misma función que nuestro apretón de manos.

Hay maneras apropiadas e inapropiadas para tocar a los miembros del sexo opuesto en nuestra sociedad. La reciente atención que se ha dado al hostigamiento sexual ha traído luz sobre las maneras inapropiadas. Dentro del matrimonio, sin embargo, lo que es apropiado e inapropiado en cuanto al contacto físico está determinado por la pareja, dentro de amplias directrices. El abuso físico es, por supuesto, considerado inapropiado por la sociedad, y se han

118

formado organizaciones sociales para ayudar a la esposa maltratada o al esposo maltratado. Claramente, nuestros cuerpos son para tocarlos pero no para abusar de ellos.

> # S
> *i el lenguaje principal de amor de su cónyuge es el contacto físico, nada es más importante que tenerla entre los brazos cuando llora.*

Esta edad se caracteriza como la edad de la libertad sexual. Con esa libertad hemos demostrado que el matrimonio abierto, donde ambos cónyuges son libres para tener intimidad sexual con otros individuos, es descabellado. Los que no ponen objeción sobre bases morales, ponen objeción sobre bases emocionales. Algo que tiene que ver con nuestra necesidad de intimidad y amor no nos permite dar a nuestro cónyuge tal libertad. El dolor emocional es profundo y la intimidad se esfuma cuando nos damos cuenta que nuestro cónyuge se ha involucrado sexualmente con otro. Los archivos de los consejeros están llenos de registros de esposos y esposas que tratan de superar el trauma emocional de un cónyuge infiel. Ese trauma, sin embargo, es complicado para el individuo cuyo lenguaje principal de amor es el contacto físico. Lo que él anhela profundamente —el amor expresado por el contacto físico— es ahora dado a otra persona. Su tanque emocional de amor no sólo está vacío, sino que ha quedado desbaratado por una explosión. Habrá que hacer reparaciones masivas y profundas para que esas necesidades emocionales sean suplidas.

Crisis y contacto físico

En un tiempo de crisis, nos abrazamos el uno al otro. ¿Por qué? Porque el contacto físico es un poderoso comunicador de amor. En tiempos de crisis, más que cualquier otra cosa necesitamos sentirnos amados. No siempre podemos cambiar los acontecimientos, pero podemos sobrevivir a ellos si nos sentimos amados.

Todos los matrimonios experimentamos crisis. La muerte de los padres es inevitable. Los accidentes de automóvil dejan inválidos y matan a miles cada año. La enfermedad no respeta a las personas. Las desilusiones son parte de la vida. Lo más importante que puede hacer por su pareja en tiempos de crisis es amarla. Si el lenguaje principal de amor es el toque físico, nada es más importante que tenerla entre los brazos mientras llora. Sus palabras pueden significar muy poco pero el contacto físico comunicarán su cariño. Las crisis dan una oportunidad única para expresar amor. Sus tiernas caricias se recordarán mucho tiempo después que la crisis haya pasado. Su fracaso en acariciar no se olvidará nunca.

Desde mi primera visita a West Palm Beach hace muchos años, siempre he recibido con agrado las invitaciones para dirigir seminarios para matrimonios en esa área. Fue en una ocasión así que conocí a Pete y Patsy. Ellos no eran nativos de la Florida pero habían vivido allí por veinte años, y consideraban a West Palm como su hogar. Mi seminario estaba auspiciado por una iglesia local, y mientras íbamos del aeropuerto a la ciudad el pastor me dijo que Pete y Patsy habían manifestado su deseo de que me quedara esa noche con ellos. Traté de demostrar que estaba encantado, pero sabía por experiencia que tales peticiones por lo general significaban largas sesiones de consejería hasta altas horas de la noche. Sin embargo, me sorprendí en más de una forma esa noche.

Cuando el pastor y yo entramos en la espaciosa y bien decorada casa estilo español, me presentó a Patsy y a Charlie, el gato de la familia. Mirando la casa tuve la impresión de que o a Pete le iba maravillosamente bien en los negocios, o había recibido una gran herencia de sus padres, o estaba terriblemente endeudado. Más tarde descubrí que mi primera corazonada era la correcta. Cuando me mostraron el cuarto de huéspedes vi que Charlie, el gato, se sentía en su casa, estirado cuán largo era sobre la cama en la que yo iba a dormir. Pensé: *Este gato sí que la hizo.*

Pete llegó a casa poco después y disfrutamos de un sabroso refrigerio juntos. Convinimos en que cenaríamos después del seminario. Varias horas más tarde, mientras cenábamos, esperaba el momento en que empezaría la sesión de consejería. Nunca empezó. En vez de eso pude ver que Pete y Patsy eran una pareja feliz y saludable. Para un consejero matrimonial eso es una cosa rara. Estaba ansioso por descubrir su secreto, pero también extremadamente cansado, y sabiendo que al siguiente día Pete y Patsy me iban a llevar al aeropuerto decidí hacer mi investigación cuando me sintiera más lúcido. Me llevaron a mi cuarto, y Charlie, el gato, fue muy amable en salir de allí cuando entré. Saltando de la cama se fue a otro dormitorio y en pocos minutos yo estaba acostado. Después de una breve reflexión sobre el día que había pasado, entré en la zona de penumbra. Y cuando comenzaba a perder el contacto con la realidad, la puerta de mi dormitorio se abrió y ¡un monstruo saltó sobre mí! Yo había oído de los escorpiones de la Florida, pero éste no era un pequeño escorpión. Sin tiempo para pensar, agarré la sábana con la que me tapaba y con un grito de terror lancé al monstruo contra la pared. Escuché que su cuerpo golpeó la pared y luego todo quedó en silencio. Pete y Patsy llegaron corriendo, prendieron la luz y todos vimos a Charlie todavía tirado en el piso.

Pete y Patsy nunca me han olvidado, y yo nunca los he olvidado a ellos. Charlie revivió en unos pocos minutos, pero no regresó a mi cuarto. En efecto, Pete y Patsy me dijeron más tarde que Charlie nunca volvió a ese dormitorio.

Después de lo que hice con Charlie, no estaba seguro que Pete y Patsy quisieran todavía llevarme al aeropuerto al siguiente día, o si ellos tenían algún interés en mí. Sin embargo, mis temores se desvanecieron cuando, después del seminario, Pete dijo:

—Doctor Chapman, he estado en muchos seminarios, pero nunca he oído a nadie describir a Patsy y a mí de una manera tan clara como usted lo ha hecho. Esa teoría del lenguaje de amor es verdad. ¡Estoy impaciente por contarle nuestra historia!

Pocos minutos después, luego de despedirme de los que asistieron al seminario, estábamos ya en el auto para nuestro viaje de cuarenta y cinco minutos al aeropuerto. Y Pete y Patsy comenzaron a contarme su historia. Durante los primeros años de su matrimonio habían tenido grandes dificultades. Pero cuando eran novios, veintidós años antes, todos su amigos decían que ellos eran la «pareja perfecta». Pete y Patsy creían ciertamente que su relación «había sido hecha en el cielo».

Habían crecido en la misma comunidad, asistido a la misma iglesia y graduado en la misma escuela secundaria. Sus padres tenían los mismos valores y estilo de vida. Pete y Patsy disfrutaban mucho de las mismas cosas. A ambos les gustaba jugar tenis y pasear en bote, y a menudo hablaban de cuantos intereses tenían en común. Parecían tener todas las cosas comunes, lo cual, se supone, garantiza pocos conflictos en el matrimonio.

Comenzaron a salir juntos en el último año de la escuela. Asistieron a distintas universidades, pero buscaban la forma para verse por lo menos una vez al mes y a veces más a menudo. Al final del primer año estaban convencidos de que habían sido «hechos el uno para el otro». Estaban de acuerdo, sin embargo, en terminar la universidad antes de casarse. En los siguientes tres años disfrutaron de un noviazgo idílico. Un fin de semana él visitaría la universidad de ella, el siguiente fin de semana ella visitaría la universidad de él, otro fin de semana los dos irían a casa para visitar a la familia, y así sucesivamene. La cuestión es que pasaban la mayoría del tiempo juntos. La cuarta semana de cada mes habían acordado no verse, dándose tiempo el uno al otro para dedicarse a sus propios intereses. Con excepción de acontecimientos especiales como cumpleaños, ellos mantuvieron permanentemente ese horario. Tres semanas después de que él recibiera su grado en administración y ella en sociología, se casaron. Dos meses más tarde se mudaron a la Florida, donde a Pete le habían ofrecido un buen trabajo. Estaban a tres mil kilómetros de su pariente más cercano. Ellos pudieron disfrutar de una «luna de miel» para siempre.

Los tres primeros meses fueron emocionantes y de mucho movimiento, buscando un apartamento y gozando de la vida juntos. El único conflicto que recuerdan era por lavar los platos. Pete creía que sabía exactamente cómo hacer bien esa tarea. Patsy, sin embargo, no estaba de acuerdo con su manera de hacerlo. Luego se habían puesto de acuerdo en que cualquiera que lavara los platos lo haría a su manera y con eso se terminaba el conflicto. Llevaban más o menos unos seis meses de casados cuando Patsy sintió que Pete se estaba alejando de ella. Trabajaba más tiempo, y cuando estaba en casa no se separaba de la computadora. Cuando finalmente expresó sus sentimientos de que él la estaba haciendo a un lado, Pete le dijo que no, sino que simplemente trataba de permanecer en la cúspide de su trabajo. Dijo que ella no entendía bajo qué presión estaba y cuán importante era que se desempeñara muy bien ese primer año. A Patsy no le agradaba la respuesta ni la situación, pero decidió darle un poco de libertad.

A
l final del primer año, Patsy estaba desesperada.

Patsy hizo amistad con otras esposas que vivían en el mismo complejo de apartamentos. A veces, cuando sabía que Pete iba a trabajar hasta tarde, se iba de compras con una de sus amigas en vez de ir directamente a casa después de su trabajo. A menudo no estaba en casa cuando Pete llegaba. Esto lo irritaba grandemente y la acusaba de ser desconsiderada e irresponsable. Patsy contestaba: «Esto es absurdo. ¿Quién es el irresponsable? Ni siquiera me llamas para decirme cuándo vas a llegar a casa. ¿Cómo puedo estar aquí si ni siquiera sé cuándo vendrás? ¡Y cuando estás aquí pasas todo el tiempo con esa estúpida computadora!»

A lo que Pete respondía a gritos: «Yo necesito una esposa. ¿No entiendes? Eso es todo. Yo necesito una esposa».

Pero Patsy no entendía. Estaba muy confundida. Buscando una respuesta, fue a la biblioteca pública y revisó todos los libros sobre matrimonio. «Se supone que el matrimonio no debe ser así», razonaba. «Tengo que encontrar una respuesta para nuestra situación». Cuando Pete entraba al cuarto de la computadora, Patsy tomaba su libro. Leía hasta la medianoche. Cuando iba a acostarse, Pete la veía y hacía comentarios sarcásticos como: «Si hubieras leído tanto en la universidad hubieras sacado las mejores calificaciones». A lo que Patsy respondía: «Pero no estoy en la universidad, estoy en el matrimonio, y me contento con calificaciones más bajas». Pete se acostaba dándole una mirada, sin decirle nada.

Al final del primer año, Patsy estaba desesperada. Ya lo había mencionado antes, pero en esta ocasión calmadamente dijo a Pete: —Voy a buscar un consejero matrimonial. ¿Quieres ir conmigo? Pero Pete respondió: —No necesito un consejero matrimonial. No tengo tiempo para un consejero matrimonial. No puedo pagar un consejero matrimonial.

—Entonces iré sola —dijo Patsy.

—Muy bien, tú eres la que necesita consejería de todos modos.

Y terminó la conversación. Patsy se sintió completamente sola, pero la siguiente semana hizo una cita con un consejero matrimonial. Después de tres sesiones, el consejero llamó a Pete y le preguntó si quería venir para conversar acerca de sus perspectivas en relación con su matrimonio. Pete aceptó y el proceso de sanidad comenzó. Seis meses más tarde salían de la oficina del consejero con un nuevo matrimonio.

Pregunté a Pete y Patsy:

—¿Qué fue lo que aprendieron en consejería que cambió su matrimonio de esa manera?

—En esencia, doctor Chapman —dijo Pete—, aprendimos a hablar el lenguaje de amor del otro.

—¿Cuál es su lenguaje de amor, Pete —pregunté.

—El contacto físico —dijo sin vacilación.

—El contacto físico, con toda seguridad —dijo Patsy.

—¿Y el suyo, Patsy?

—Tiempo de calidad, doctor Chapman. Es lo que pedía a gritos en esos días cuando pasaba todo su tiempo con su trabajo y con su computadora.

—¿Cómo supo que el contacto físico era el lenguaje de amor de Pete?

—Me llevó un tiempo —dijo Patsy—. Es lo que iba comprendiendo a través de la consejería. Al principio creo que Pete ni siquiera se daba cuenta de eso.

—Ella tiene razón —dijo Pete—. Estaba tan inseguro en mi propio sentido del valor personal que nunca hubiera podido identificar ni reconocer que la falta del contacto suyo me había separado de ella. Nunca le dije que quería ser acariciado, aun cuando en mi interior ansiaba que llegara y me tocara. En nuestro noviazgo siempre había tomado la iniciativa de besarla, abrazarla, estrechar sus manos y demás, y ella siempre había sido muy receptiva. Tal vez por sus nuevas responsabilidades en el trabajo estaba demasiado cansada. No sé, pero lo tomé como algo personal. Sentí que ella no me encontraba atractivo, por lo cual decidí no tomar la iniciativa para no ser rechazado. Así que esperé para ver cuánto tardaría en que me diera un beso, una caricia, o tuviéramos una relación sexual. Una ocasión esperé seis semanas antes de que me tocara. Era algo insoportable. Mi alejamiento era para permanecer lejos del dolor que sentía cuando estaba con ella. Me sentía rechazado, no querido y no amado.

Entonces Patsy dijo:

—No tenía idea de lo que sentía. Sabía que estaba lejos de mí. No nos besábamos ni abrazábamos como lo hacíamos antes, pero suponía que, como estábamos casados, eso ya no era tan importante para él. Sabía que estaba bajo presión por su trabajo. No tenía ni idea de que quería que yo tomara la iniciativa. Él tiene razón. Pasaban semanas sin que lo tocara. No se me pasaba por la mente. Preparaba las comidas, limpiaba la casa, lavaba, y trataba de permanecer fuera de su camino. Francamente, no sabía qué más podía hacer. No podía entender su alejamiento ni su falta de atención hacia mí. En verdad, no me importaba si me besaba o me abrazaba. Si me daba su atención, entonces sí me sentía amada.

»Llevó algún tiempo descubrir la raíz del problema —agregó ella—, pero una vez que descubrimos que no estábamos llenando las necesidades de amor del otro, comenzamos a cambiar las cosas. Cuando tomé la iniciativa de darle el contacto físico fue sorprendente lo que sucedió. Su personalidad y su espíritu cambiaron drásticamente. Tenía un nuevo esposo. Cuando se convenció de que realmente lo amaba fue más receptivo a mis necesidades.

—¿Todavía tiene una computadora en casa? —pregunté.

—Sí —dijo—, pero rara vez la usa, y cuando lo hace no hay problema, porque ahora sé que no está «casado» con ella. Hacemos tantas cosas juntos que es fácil para mí darle libertad para usar la computadora cuando quiere.

—Lo que me sorprendió del seminario ahora —dijo Pete—, fue la manera cómo su conferencia sobre los lenguajes de amor me llevó a recordar toda mi experiencia de hace tantos años. Usted dijo en veinte minutos lo que a nosotros nos tomó seis meses aprender.

—Bueno —dije—, no es cuán rápido usted aprende sino cuán bien usted aprende lo que cuenta. Y por lo que veo, ustedes aprendieron muy bien.

Pete es uno de los muchos individuos para quienes el contacto físico es el lenguaje principal de amor. Emocionalmente, anhelan que su cónyuge llegue y los toque físicamente. Tomarse de las manos, frotarse la espalda, abrazarse, tener relaciones sexuales, todos esos y otros «toques de amor» son el «salvavidas emocional» de la persona para quien el contacto físico es el lenguaje principal de amor.

NOTAS
1. Marcos 10:13
2. Marcos 10:14-16

CAPÍTULO NUEVE

El descubrimiento de su lenguaje principal de amor

Descubrir el lenguaje principal de amor de su cónyuge es importante si quiere mantener su tanque de amor lleno. Pero primero asegúrese de que usted conoce su propio lenguaje de amor. Habiendo oído de los cinco lenguajes emocionales de amor:

Palabras de afirmación
Tiempo de calidad
Recibir regalos
Actos de servicio
Contacto físico

Algunos individuos sabrán inmediatamente cuál es su propio lenguaje amoroso principal y cuál es el de su cónyuge. Para otros no será tan fácil. Algunos son como Bob, de Parma Heights, Ohio, quien después de oír de los cinco lenguajes emocionales de amor me dijo:

—No sé, pero esos dos parece que se ajustan a mí.

—¿Cuáles dos? —pregunté.

—El de «Toque físico» y las «Palabras de afirmación» —respondió Bob.

—¿Qué es lo que usted quiere decir con «Toque físico»?

—Bueno, principalmente sexo —replicó Bob.

Traté de averiguar más, preguntando:

—¿Le gusta que su esposa le pase las manos por su cabello, o le frote la espalda, o lo tome de las manos, que lo bese y lo abrace a veces, aun cuando no tengan relaciones sexuales?

—Todo eso está bien —dijo Bob—, no voy a rechazarlo, pero lo que importa es la relación sexual. Es así como sé que verdaderamente me ama.

Dejando el asunto del contacto físico por un momento, pensé en las palabras de estímulo y pregunté:

—Cuando dice que las «Palabras de afirmación» son también importantes, ¿qué clase de declaraciones encuentra más útiles?

—Casi todo lo que es positivo —replicó—. Cuando ella me dice qué bien me veo, cuán inteligente soy, qué buen trabajador soy, cuando expresa aprecio por lo que hago en la casa, cuando hace comentarios positivos por el tiempo que les doy a los niños, cuando dice que me ama; todas esas cosas significan realmente mucho para mí.

—¿Recibió esa clase de comentarios de sus padres cuando era niño?

—No muy a menudo —dijo Bob—. Lo que más recibí de mis padres fueron palabras de críticas o demandantes. Seguramente por eso aprecio a Carol tanto, porque me dio muchas palabras de afirmación.

—Permítame preguntarle esto: si Carol llenara sus necesidades sexuales, es decir si tuvieran buenas relaciones sexuales tanto como usted deseara, pero ella le dijera palabras negativas y lo criticara, a veces avergonzándolo delante de los demás, ¿cree que se sentiría amado por ella?

—No lo creo —replicó—. Pienso que me sentiría traicionado y profundamente herido. Creo que me sentiría deprimido.

—Bob —dije—, creo que hemos descubierto que su lenguaje principal de amor es «Palabras de afirmación». Las relaciones sexuales son extremadamente importantes para usted y para su sentido de intimidad con Carol, pero las palabras de afirmación son más importantes para usted emocionalmente. Si ella verdaderamente lo criticara todo el tiempo y lo hiciera quedar mal delante de los demás, llegaría el momento en que usted no desearía más tener relaciones sexuales con ella, porque ella sería una constante causa de sufrimiento para usted.

> La mayoría de los problemas sexuales en el matrimonio tienen poco que ver con las técnicas físicas, pero mucho con la satisfacción de las necesidades emocionales.

Bob había cometido la equivocación que cometen muchos hombres: creer que el contacto físico es su lenguaje principal de amor, puesto que desean intensamente las relaciones sexuales. Para el varón, el deseo sexual está basado en lo físico. Es decir, el deseo de relaciones sexuales está estimulado por la sobreproducción de espermatozoides y líquido seminal en las vesículas seminales. Cuando las vesículas están llenas hay una presión física para que se vacíen. Así que el deseo de relaciones sexuales del varón tiene una raíz física.Para la mujer, el deseo sexual tiene raíces en sus emociones, no en su fisiología. No hay nada físicamente que se produzca y la impulse a tener relaciones. Su deseo tiene una base emocional. Si se siente amada, apreciada y admirada por su esposo, entonces tiene deseos de estar en intimidad física con él. Pero sin la cercanía emocional, ella tiene poco deseo físico.

El varón, al ser físicamente empujado para tener alivio sexual en forma regular, puede creer automáticamente que su lenguaje principal de amor es el contacto físico. Pero si él no disfruta del contacto físico en otros momentos de una manera no sexual, este no puede ser su lenguaje de amor. El deseo sexual es bastante diferente de su necesidad emocional de sentirse amado. Eso no significa que la relación sexual no es importante para él —es extremadamente importante— pero la relación sexual sola no llenará su necesidad de sentirse amado. Su esposa debe hablar su lenguaje principal de amor, igualmente.

Cuando, en efecto, su esposa habla su lenguaje principal de amor y su tanque emocional de amor está lleno, el aspecto sexual de su relación funcionará espontáneamente. La mayoría de los problemas sexuales en el matrimonio tienen poco que ver con la técnica física, pero mucho con la satisfacción de las necesidades emocionales.

Después de conversar y reflexionar, Bob dijo:

—Pienso que usted tiene razón. Las «Palabras de afirmación» son, definitivamente, mi lenguaje principal de amor. Cuando ella ha sido muy mordaz y me ha criticado, he querido alejarme de ella sexualmente y me hecho fantasías con otras mujeres. Pero cuando ella me dice cuánto me aprecia y me admira, mis deseos sexuales se orientan naturalmente hacia ella.

Bob había hecho un descubrimiento importante en nuestra breve conversación.

¿Cuál es su principal lenguaje de amor? ¿Qué es lo que más lo hace sentirse amado por su cónyuge? ¿Qué es lo que más desea sobre todo? Si las respuestas a estas preguntas no vienen inmediatamente a su mente, quizá servirá mirar al uso negativo de los lenguajes de amor. ¿Qué es lo que su cónyuge hace o dice, o deja de hacer o de decir, que lo hiere profundamente? Si, por ejemplo, su más profundo dolor es causado por la crítica o las palabras condenatorias de su cónyuge, entonces tal vez su lenguaje principal de amor sean las «Palabras de afirmación». Si su lenguaje principal de amor es usado negativamente por su cónyuge —es decir, si hace lo opuesto— lo herirá más profundamente a usted de lo que eso mismo heriría a otro, no solamente porque él no quiere hablar su lenguaje principal de amor, sino porque está usando ese lenguaje como un cuchillo para atravesar su corazón.

Recuerdo a Mary en Kitchener, Ontario, quien dijo: «Doctor Chapman, lo que más me duele es que Ron nunca levanta una mano para ayudarme en la casa. Mira televisión mientras yo hago todas las tareas del hogar. No entiendo cómo podría hacer eso si realmente me amara».

Lo que más le dolía a Mary era no solamente que no la ayudara con las tareas de la casa, sino que ese era su lenguaje principal de amor: «Actos de servicio». Si lo lastima profundamente que su cónyuge le dé rara vez algún regalo, entonces tal vez su lenguaje principal de amor sea «Recibir regalos». Si le duele mucho que su cónyuge rara vez le dedique tiempo, entonces «Tiempo de calidad» tal vez sea su principal lenguaje de amor.

Otra manera de descubrir su lenguaje principal de amor es mirar hacia atrás en su matrimonio y preguntarse: «¿Qué es lo que pido más a menudo a mi cónyuge?» Lo que usted más le ha pedido es probablemente lo que tiene que ver con su lenguaje principal de amor. Esas peticiones han sido interpretadas por su cónyuge como regaños. Ellas han sido, en realidad, sus esfuerzos para asegurar el amor de su cónyuge.

Elizabeth, quien vivía en Maryville, Indiana, usó este método para descubrir su lenguaje principal de amor. Me dijo al finalizar una sesión de un seminario: «Cuando paso revista a estos últimos diez años de matrimonio y me pregunto qué es lo que más le he pedido a Peter, mi lenguaje de amor salta a la vista. Le he pedido frecuentemente «Tiempo de calidad». Una y otra vez le he pedido que fuéramos a un picnic, que pasáramos el fin de semana juntos, que apaguemos el televisor por una hora y conversemos, que demos un paseo, y así por el estilo. Me he sentido descuidada y no amada porque rara vez él respondía a mis peticiones. Me daba bonitos regalos en mi cumpleaños y en ocasiones especiales, y me preguntaba por qué no me mostraba emocionada por ellos.

«Durante su seminario —continuó—, las cosas se aclararon para los dos. Durante el receso, mi esposo me pidió disculpas por haber sido tan difícil durante estos años y tan reacio a mis peticiones. Me ha prometido que las cosas serán diferentes en el futuro, y creo que lo serán».

Otra manera de descubrir su lenguaje principal de amor es examinando lo que hace o dice para expresar amor a su cónyuge. Es posible que lo que usted hace para él sea lo que usted quiere que él hiciera por usted. Si usted está constantemente haciendo «Actos de servicio» para su cónyuge, tal vez (aunque no siempre) ese sea su lenguaje de amor. Si las «Palabras de afirmación» le hablan amor a usted, es posible que usted quiera usarlas para hablar amor a su cónyuge. De esa manera usted puede descubrir su propio lenguaje de amor, preguntando: «¿Cómo expreso conscientemente mi amor a mi cónyuge?»

Pero recuerde, ese método es una posible pista para su lenguaje de amor; no es un indicador absoluto. Por ejemplo, el esposo que aprendió de su padre a expresar amor a su esposa dándole bonitos regalos, expresa su amor a su esposa haciendo lo que su padre hizo, aunque «Recibir regalos» no sea su lenguaje principal de amor. Simplemente está haciendo lo que fue entrenado para hacer por su padre.

> Dedique tiempo para escribir lo que cree que es su principal lenguaje de amor. Entonces enumere los otros cuatro en orden de importancia.

He sugerido tres maneras de descubrir su lenguaje principal de amor:

1. ¿Qué cosas que su cónyuge hace o deja de hacer le duelen más profundamente? Lo opuesto de lo que le duele más es probablemente su lenguaje de amor.

2. ¿Qué es lo que más a menudo ha pedido de su cónyuge? Lo que más ha pedido es, probablemente, lo que lo haría sentir más amado.

3. ¿En qué manera expresa, por lo general, su amor a su cónyuge? Su método de expresar amor puede ser una indicación de que eso también lo haría a usted mismo sentirse amado.

El uso de esos tres métodos le permitirá determinar su lenguaje principal de amor. Si dos lenguajes le parecen principales, si ambos le hablan alto, entonces tal vez usted es «bilingüe». Si es así, eso lo hace más fácil para su cónyuge. Ahora él o ella tiene dos alternativas, cualquiera de las cuales le comunicará fuertemente amor.

Dos clases de personas pueden tener dificultades en descubrir su lenguaje principal de amor. La primera es el individuo cuyo tanque emocional de amor ha estado lleno por algún tiempo. Su cónyuge le ha expresado amor de varias maneras y ella no está seguro de cuáles lo hacen sentir más amado. Sencillamente sabe que es amado. La segunda es el individuo cuyo tanque de amor ha estado vacío por algún tiempo, y que no recuerda qué lo hace sentirse amado. En todo caso, sí recuerda la experiencia del enamoramiento y se pregunta: «¿Qué es lo que me gustaba de mi cónyuge en esos días? ¿Qué hacía o decía que me hacía desear estar con él?» Si usted puede recordar, eso le dará una idea de su lenguaje principal de amor. Otro método sería preguntarse: «¿Cómo sería un cónyuge ideal para mí? Si pudiera tener el compañero perfecto, ¿cómo debería ser?» Su imagen de un compañero perfecto le daría alguna idea de su lenguaje principal de amor.

Una vez que ha recibido esa información, le sugiero que juegue el siguiente juego tres veces por semana por tres semanas. El juego se llama: «Medir el tanque», y se juega así: cuando llega a casa, uno de ustedes le dice al otro: «En una escala de cero a diez, ¿cómo está tu tanque de amor esta noche?» Cero significa vacío, y diez significa «Estoy lleno de amor y no puedo más». Usted lee su propio tanque de amor —10, 9, 8, 7, 6, 5, 4, 3, 2, 1, ó 0— indicando cuán lleno está. Su cónyuge dice: «¿Qué podría hacer para llenarlo?»

Entonces usted hace una sugerencia —algo que quisiera que su cónyuge hiciera o dijera esa noche. Él responderá a su pedido de la mejor manera. Luego repite el proceso en el sentido contrario, para que los dos tengan la oportunidad de «verificar» el estado de su tanque de amor, y hacer una sugerencia para llenarlo. Si practica el juego por tres semanas, quedará encantado y será una manera divertida de estimular las expresiones de amor en su matrimonio.

Un esposo me dijo:

—No me gusta ese juego del tanque de amor. Lo jugué con mi esposa. Llegué a casa y le dije: «En una escala de cero a diez, ¿cómo está tu tanque de amor esta noche?» Ella dijo: «Como en siete». Entonces le pregunté: «¿Qué podría hacer para llenarlo?», y ella me dijo: «Lo mejor que podrías hacer por mí esta noche es ir a la lavandería y llevar la ropa». Le dije: «¿Amor y lavandería?» No lo entiendo.

Entonces le dije:

—Ese es el problema. Tal vez usted no entiende el lenguaje de amor de su esposa. ¿Cuál es su lenguaje principal de amor?

Sin vacilación contestó:

—Contacto físico, especialmente la parte sexual del matrimonio. Pero iré a la lavandería —gritó—. Lavaré la ropa todas las noches si esto la hace sentir bien.

A propósito, si usted todavía no ha descubierto su idioma principal de amor, anote los resultados del juego de «medir el tanque». Cuando su cónyuge diga: «¿Qué podría hacer para llenar tu tanque?», sus sugerencias probablemente se agruparán en torno a su lenguaje principal de amor. Usted puede pedir cosas de todos los cinco lenguajes de amor, pero pedirá más de lo que se relaciona con su lenguaje principal de amor.

Tal vez alguno de ustedes piense lo que Raymond y Helen me dijeron en Zion, Illinois: «Doctor Chapman, todo eso suena bonito y hermoso, pero ¿qué pasa si el lenguaje de amor de su cónyuge es algo que no viene naturalmente a usted?»

Hablaremos sobre mi respuesta en el Capítulo 10.

❦

CAPÍTULO DIEZ

El amor es una decisión

Cómo podemos hablar el lenguaje de amor del otro cuando estamos llenos de dolor, ira y resentimiento por las faltas pasadas? La respuesta a esa pregunta está en la esencia natural de nuestra humanidad. Somos criaturas de decisiones. Eso significa que tenemos la capacidad de hacer malas decisiones, como todos las hemos hecho. Hemos criticado y hemos hecho cosas hirientes. No estamos orgullosos de esas decisiones aunque pudieron parecer justas en ese momento. El habernos equivocado en el pasado no quiere decir que nos equivocaremos en el futuro. En vez de eso podemos decir: «Lo siento. Sé que te he ofendido, pero quisiera que el futuro fuera diferente. Quisiera hablar tu lenguaje de amor. Quisiera llenar tus necesidades». He visto matrimonios rescatados al borde del divorcio cuando las parejas se deciden por el amor.

El amor no borra el pasado, pero hace diferente el futuro. Cuando nos decidimos por tener expresiones activas de amor en el idioma principal de amor de nuestro cónyuge, creamos un ambiente emocional que nos permite tratar con nuestros conflictos y fracasos pasados.

Brent estaba en mi oficina con rostro impávido, inexpresivo. No había venido por su propia iniciativa sino a petición mía. Una semana antes, su esposa Becky había estado sentada en la misma silla llorando incontrolablemente. En medio de sus lágrimas trató de contar que Brent le había dicho que ya no la amaba y que se iba. Estaba destrozada.

Cuando recuperó su compostura, ella había dicho: «Los dos hemos trabajado mucho en los últimos dos o tres años. No pasábamos mucho tiempo juntos como lo hacíamos antes, pero pensé que el trabajo era nuestra meta común. No puedo creer lo que dice; siempre ha sido una persona bondadosa y responsable. Es un padre muy bueno para nuestros hijos». Continuó: «¿Cómo podría hacernos esto?»

Por mi parte había escuchado como describía sus doce años de matrimonio. Era una historia que ya había oído muchas veces antes. Tuvieron un noviazgo emocionante. Se casaron completamente enamorados, tuvieron los ajustes típicos y propios de los primeros días de matrimonio, y se propusieron alcanzar el sueño americano. A su debido tiempo descendieron de la cúspide de su enamoramiento, pero no aprendieron a hablar el lenguaje de amor del otro en forma satisfactoria. Ella había vivido con un tanque de amor a medio llenar en los últimos años, pero había suficientes expresiones de amor que le hicieron pensar que todo estaba muy bien con él. Sin embargo, su tanque de amor estaba vacío.

Le había dicho a Becky que trataría que Brent conversara conmigo. Por teléfono le dije: «Como usted sabe, Becky vino a verme y me contó que estaban teniendo dificultades en el matrimonio. Quiero ayudarla, pero para hacerlo necesito saber qué es lo que usted piensa.»

Él había aceptado hablar conmigo sin vacilación, y ahora estaba sentado en mi oficina. Su apariencia exterior hacía contraste con la de Becky. Ella había estado llorando incontrolablemente, pero él estaba firme, estoico. Tuve la impresión, sin embargo, que su llanto había tenido lugar semanas o quizás meses atrás, y que había sido un llanto interior. La historia que Brent contó confirmó mi corazonada.

—Ya no la amo —dijo—. La he amado por mucho tiempo. No quiero herirla, pero no nos sentimos cerca. Nuestra relación es vacía. Ya no disfruto el estar con ella. No sé lo que pasó, quisiera que fuera diferente, pero ya no siento nada hacia ella.

Él estaba pensando y sintiendo igual que cientos de miles de esposos habían pensado y sentido siempre. La mente ya conformada a un «ya no la amo» es lo que da a los hombres la libertad emocional para buscar amor con otras mujeres. Sucede lo mismo con las esposas que utilizan la misma excusa.

Simpaticé con Brent porque yo he estado en su lugar. Miles de esposos y esposas han estado allí —emocionalmente vacíos—, queriendo hacer lo debido, no queriendo herir a nadie, pero sintiéndose empujados por sus necesidades emocionales de buscar amor fuera del matrimonio. Felizmente descubrí, en los primeros años de mi matrimonio, la diferencia entre la experiencia del enamoramiento y la necesidad emocional de sentirse amado. La mayor parte de nuestra sociedad no ha aprendido todavía esa diferencia. Las películas, las telenovelas y las revistas románticas han tergiversado estos dos conceptos, aumentando nuestra confusión. Pero en realidad, son distintos.

La experiencia del enamoramiento de la que hablamos en el Capítulo 3 está en el nivel del instinto; no es premeditada. Simplemente se da en el contexto normal de las relaciones hombre-mujer. Puede ser aceptada o rechazada, pero no es el resultado de una decisión consciente. Dura poco tiempo (por lo general unos dos años) y parece tener para la especie humana la misma función que la llamada al apareamiento de los patos canadienses.

La experiencia del enamoramiento satisface temporalmente la necesidad de amor. Nos hace sentir que alguien nos quiere, que alguien nos admira y nos aprecia. Nuestras emociones vuelan pensando que alguien nos ve como el número uno, que quiere dedicar el tiempo y las energías solamente a nuestra relación. Por un breve período, mientras dura, llena nuestra necesidad de amor. Nuestro tanque está lleno, podemos conquistar el mundo. Nada es imposible. Para muchos, es la primera vez que han vivido con un tanque emocional lleno y eso los hace sentir eufóricos.

*L*lenar la necesidad de amor de mi esposa es una decisión que tomo cada día. Si sé cuál es su lenguaje principal de amor y decido hablarlo, sus necesidades más profundas serán satisfechas y ella se sentirá segura de mi amor.

Con el tiempo, sin embargo, bajamos de la cumbre y volvemos al mundo real. Si nuestro cónyuge ha aprendido nuestro lenguaje principal de amor, nuestra necesidad de amor seguirá satisfecha. Si, por otro lado, él o ella no habla nuestro lenguaje de amor, nuestro tanque se vaciará lentamente y ya no nos sentiremos amados. Llenar esa necesidad en nuestro cónyuge es definitivamente una decisión. Si aprendo el lenguaje emocional de amor de mi cónyuge y lo hablo frecuentemente, éste continuará sintiéndose amado. Cuando desaparezca la obsesión del enamoramiento, difícilmente la extrañará, porque su tanque emocional de amor seguirá lleno. Sin embargo, si no hemos aprendido su lenguaje principal de amor, o no hemos decidido hablarlo, cuando descienda de las alturas emocionales tendrá las demandas naturales de una necesidad emocional no satisfecha. Después de algún tiempo de vivir con un tanque de amor vacío querrá enamorarse de otra persona y el ciclo comenzará de nuevo.

Llenar la necesidad de amor de mi esposa es una decisión que tomo cada día. Si sé cuál es su lenguaje principal de amor y decido hablarlo, sus necesidades más profundas serán satisfechas y ella se sentirá segura de mi amor. Si ella hace lo mismo por mí, mis necesidades emocionales serán satisfechas y ambos viviremos con un tanque lleno. En un estado emocional de contentamiento, ambos mantendremos nuestras energías creativas para muchos proyectos interesantes fuera del matrimonio, y mantendremos nuestro matrimonio emocionante y floreciente.

Con todo eso en mi mente volví a mirar el rostro inexpresivo de Brent y me pregunté si podría ayudarlo. Presentí en mi corazón que probablemente él ya estaba enredado con otro enamoramiento. Me pregunté si estaría en sus comienzos o en su apogeo. Pocos hombres con un tanque emocional vacío dejan el matrimonio si no tienen ya una candidata para llenar esa necesidad.

Brent era honesto, y reveló que ya había estado enamorado de alguien por varios meses. Había esperado que esos sentimientos se fueran y que pudiera arreglar su situación con su esposa. Pero las cosas en el hogar habían empeorado y su amor por la otra mujer había aumentado. Ya no podía vivir sin su nueva amante.

Comprendí el dilema de Brent. No quería herir a su esposa ni a sus hijos, pero al mismo tiempo pensaba que merecía una vida de felicidad. Le dije que las estadísticas sobre los segundos matrimonios decían que 60% terminan en divorcio. Se sorprendió de oír eso, pero estaba seguro de que superaría esas probabilidades. Le hablé de las consecuencias del divorcio en los niños, pero estaba convencido de que continuaría siendo un buen padre para sus hijos y que los ayudaría a superar el trauma del divorcio. Le hablé de los temas de este libro y le expliqué la diferencia entre el enamoramiento y la profunda necesidad emocional de sentirse amado. Le expliqué los cinco lenguajes del amor y lo invité a dar otra oportunidad a su matrimonio. Todo el tiempo supe que mi método intelectual y razonado de enfocar el matrimonio, comparado con la elevación emocional que él experimentaba era como disparar un arma de juguete contra un arma automática. Expresó su agradecimiento por mi preocupación y me pidió hacer todo lo posible por ayudar a Becky. Pero me aseguró que no veía ninguna esperanza para su matrimonio.

Un mes más tarde recibí una llamada de Brent. Me dijo que le gustaría hablar conmigo otra vez. Esta vez, cuando entró a mi oficina, estaba visiblemente perturbado. No era el hombre calmado y frío que había visto antes. Su amante había descendido de la altura emocional del enamoramiento y ahora veía en Brent cosas que no le gustaban. Ella se había alejado de la relación y él estaba destrozado. Con los ojos llenos de lágrimas me dijo lo mucho que ella significaba para él y cuán insoportable era sentir su rechazo.

Lo escuché con compasión por una hora, antes de que me pidiera mi consejo. Le dije cuánto lo sentía y le expliqué que estaba sufriendo el natural dolor emocional de una pérdida, y que ese dolor no podía desaparecer de la noche a la mañana. Le hice entender que esa experiencia era inevitable. Le recordé la naturaleza temporal del enamoramiento, el cual tarde o temprano nos bajaba de las alturas emocionales al mundo real, y que algunos dejan de amarse antes de casarse, otros después de que se han casado. Él entendió que era mejor ahora que después.

Después de un momento le sugerí que la crisis quizás fue algo que sirvió para que él y su esposa recibieran consejería matrimonial.

Le recordé que el verdadero y permanente amor era una decisión, y que la emoción de ese amor podía renacer en su matrimonio si él y su esposa aprendían a amarse el uno al otro en los lenguajes apropiados del amor. Aceptó la consejería y nueve meses después Brent y Becky salieron de mi oficina con un matrimonio renacido. Cuando vi a Brent tres años más tarde me dijo que tenía un matrimonio maravilloso, y me agradeció por haberlo ayudado en un momento tan crucial de su vida. Me contó que el dolor por la pérdida de su amante había desaparecido hacía más de dos años. Sonrió y dijo: «Mi tanque nunca ha estado tan lleno, y Becky es la mujer más feliz que usted haya conocido».

Afortunadamente Brent fue beneficiado por lo que llamo «el desequilibrio del enamoramiento», lo cual significa que casi nunca dos personas se enamoran el mismo día, así como tampoco dejan de quererse el mismo día. No tiene que ser un experimentado sociólogo para descubrir esa verdad. Solamente escuchen las canciones románticas. La amante de Brent dejó de quererlo en un momento oportuno.

En los nueve meses que aconsejé a Brent y a Becky resolvieron numerosos conflictos, a los que nunca antes habían enfrentado. Pero la clave para el renacimiento de su matrimonio fue descubrir el lenguaje principal de amor del otro y decidir hablarlo frecuentemente.

Permítanme regresar a la pregunta que hice en el Capítulo nueve: «¿Qué pasa si el lenguaje de amor de su cónyuge es algo que no viene naturalmente a usted?» A menudo me hacen esta pregunta en mis seminarios matrimoniales, y mi respuesta es: «¿Y qué?»

El lenguaje de amor de mi esposa es «Actos de servicio». Una de las cosas que hago por ella regularmente como un acto de amor es pasar la aspiradora por los pisos. ¿Ustedes creen que pasar la aspiradora por los pisos es algo natural para mí? Mi madre acostumbraba hacerme limpiar la casa. Cuando estaba en la escuela primaria y luego en la secundaria, no podía ir a jugar pelota los sábados hasta que no terminara de limpiar toda la casa. En esos días me dije: «Cuando salga de aquí, una de las cosas que jamás voy a hacer es limpiar los pisos. Me conseguiré una esposa para que haga eso.»

> *C*uando una acción no es algo natural para usted, es una expresión de amor.

Pero yo paso la aspiradora en nuestra casa ahora, y lo hago regularmente. Y hay solamente una razón para que yo limpie nuestra casa: *amor.* Usted no me podría pagar lo suficiente por limpiar una casa, pero hago eso por amor. Como ustedes ven, cuando una acción no es algo natural para usted, es una expresión de amor. Mi esposa sabe que cuando limpio la casa le estoy expresando a ella un amor puro al 100%, sin adulteración, ¡y consigo el crédito por todo eso!

Algunos dicen: «Pero doctor Chapman, eso es diferente. Sé que el lenguaje de amor de mi cónyuge es el contacto físico, y yo no soy un "acariciador". Nunca vi abrazarse a mi padre y a mi madre. Nunca me abrazaron. Sencillamente no soy un acariciador. ¿Qué voy a hacer?»

¿Tiene dos manos? ¿Puede juntarlas? Ahora imagínese que tiene a su cónyuge en el medio y la tira hacia usted. Le apuesto a que si usted abraza a su cónyuge tres mil veces, después de eso comenzará a ser más natural. Pero por último, la comodidad o naturalidad no es el asunto. Estamos hablando de amor, y amor es algo que usted hace por alguien, no algo que usted hace por usted mismo. La mayoría de nosotros hacemos muchas cosas cada día que no son naturales para nosotros. Para algunos de nosotros eso es levantarse de la cama en la mañana. Vamos contra nuestros deseos y nos levantamos de la cama. ¿Por qué? Porque creemos que hay algo que vale la pena hacer ese día. Y normalmente, antes de que el día termine nos sentimos bien por habernos levantado. Nuestras acciones preceden a nuestras emociones.

Pasa lo mismo con el amor. Descubrimos el lenguaje principal de amor de nuestro cónyuge y decidimos hablarlo, sea o no natural para nosotros. No esperamos tener sentimientos emocionantes y agradables. Simplemente decidimos hacerlo para beneficio de él o de ella. Queremos llenar la necesidad emocional de nuestro cónyuge, y hablamos su lenguaje de amor. Al hacerlo, su tanque de amor está lleno y él nos retribuirá hablando nuestro lenguaje. Cuando lo hace, nuestras emociones regresan y nuestro tanque de amor comienza a llenarse.

El amor es una decisión, y cualquiera de los cónyuges puede iniciar el proceso ahora.

CAPÍTULO ONCE

El amor es lo que importa

El amor no es solamente una necesidad emocional. Los sicólogos han observado que entre nuestras necesidades básicas están la necesidad de seguridad, de valor personal y de significado. El amor, sin embargo, se interrelaciona con todas ellas.

Si me siento amado por mi cónyuge puedo descansar sabiendo que mi compañero o compañera no me harán ningún daño. Me siento seguro en su presencia. Puedo tener muchas incertidumbres en mi carrera y hasta tener enemigos en otras áreas de mi vida, pero con mi cónyuge me siento seguro.

Mi valor personal aumenta por el hecho de que mi cónyuge me ama. Después de todo, si me ama debo ser digno de amor. A lo mejor mis padres me han dado mensajes negativos o confusos en cuanto a mi valor personal, pero mi cónyuge me conoce como un adulto y así me ama. Su amor edifica mi autoestima.

La necesidad de significado es la fuerza emocional que hay detrás de nuestra conducta. La vida es empujada por el deseo de éxito, queremos que nuestras vidas sirvan para algo. Tenemos nuestro propio criterio de lo que significa ser importante y nos esforzamos por alcanzar nuestras metas. El sabernos amados por el cónyuge mejora nuestro sentido de importancia. Pensamos: *«Si alguien me ama debo ser importante.»*

Soy importante porque estoy en la cúspide del orden creado. Tengo la capacidad de pensar en términos abstractos, comunicar mis pensamientos por medio de palabras y tomar decisiones. Por medio de las palabras impresas o grabadas puedo beneficiarme de los pensamientos de otros que me han precedido. Puedo beneficiarme de las experiencias de otros aunque hayan vivido en diferentes épocas y en diferentes culturas. Experimento la muerte de familiares y amigos y siento que hay una existencia más allá de lo material. Descubro que en todas las culturas la gente cree que hay un mundo espiritual. Mi corazón me dice que es así, aun cuando mi mente, educada en la observación científica, se haga preguntas críticas.

Soy importante, la vida tiene sentido. Hay un propósito más alto. Quiero creerlo, pero no me siento importante hasta que alguien no me expresa amor. Cuando mi cónyuge amante invierte tiempo, energía y esfuerzo en mí, creo que soy importante. Sin amor, puedo pasar toda la vida buscando significado, valor personal y seguridad. Cuando experimento amor, esto impacta positivamente en todas esas necesidades. Soy libre para desarrollar mi potencial. Estoy más seguro de mi valor personal y puedo dirigir mis esfuerzos hacia afuera, en vez de estar obsesionado con mis propias necesidades. El verdadero amor siempre libera.

En el contexto del matrimonio, si no nos sentimos amados nuestras diferencias se agrandan. Vemos al otro como una amenaza para nuestra felicidad. Peleamos para defender nuestro valor personal y nuestra importancia, y el matrimonio se convierte en un campo de batalla antes que en un remanso de paz.

El amor no es la respuesta para todo, pero crea un clima de seguridad en el que podemos encontrar las respuestas para las cosas que nos inquietan. En la seguridad del amor una pareja puede tratar las diferencias sin acusarse. Allí se resuelven los conflictos, y dos personas diferentes pueden aprender a vivir juntos en armonía. En ese ámbito descubrimos cómo encontrar lo mejor en el otro. Ese el premio del amor.

La decisión de amar a su cónyuge tiene un tremendo potencial. Aprender su lenguaje principal de amor hace que ese potencial se vuelva una realidad. El amor hace que «el mundo gire alrededor». Al menos eso fue lo sucedió con Jean y Norm.

Habían viajado tres horas para llegar a mi oficina. Se notaba que Norm no quería estar allí. Jean lo había obligado amenazándolo con dejarlo (no sugiero este método, pero las personas no siempre conocen mis sugerencias antes de venir a verme). Tenían treinta y cinco años de casados y nunca habían estado en consejería antes.

Jean comenzó la conversación:

—Doctor Chapman, quiero que sepa dos cosas. Primero de todo, no tenemos ningún problema económico. Leía en una revista que el dinero es uno de los más grandes problemas en el matrimonio. No sucede eso con nosotros. Los dos hemos trabajado todos estos años, la casa está pagada, los automóviles están pagados. No tenemos ningún problema económico. Segundo, quiero que sepa que no discutimos. Oigo a mis amigas hablar sobre las discusiones que tienen todo el tiempo. Nunca discutimos. No recuerdo cuándo fue la última vez que tuvimos una discusión. Los dos sabemos que las discusiones son inútiles, así que no discutimos.

Como consejero aprecié la aclaración de Jean. Supe que iba directamente al grano. Era obvio que ella había pesado bien sus afirmaciones. Quería asegurarse de que no nos meteríamos en lo que no eran sus problemas. Quería emplear esa hora sabiamente.

Continuó:

—El problema es que no siento ningún amor de parte de mi esposo. Para nosotros, la vida es una rutina. Nos levantamos en la mañana y vamos a trabajar. En la tarde él hace lo suyo y yo hago lo mío. Generalmente comemos juntos pero no hablamos. Él mira la televisión mientras comemos, luego él va a orinar al sótano y se duerme frente al televisor hasta cuando le digo que es hora de acostarse. Este es nuestro horario cinco días a la semana. El sábado juega golf por la mañana, trabaja en el jardín por la tarde y vamos a cenar juntos con otra pareja en la noche. Conversa con ellos, pero cuando entramos al auto para volver a casa, la conversación cesa. Una vez en casa se duerme frente al televisor hasta que nos vamos a la cama. El domingo por la mañana vamos a la iglesia. Siempre vamos a la iglesia los domingos por la mañana, doctor Chapman —recalcó—. Luego vamos a almorzar con algunos amigos. Cuando llegamos a casa, se duerme frente al televisor toda la tarde del domingo. Por lo general, volvemos a la iglesia el domingo por la noche, luego regresamos a casa, comemos palomitas de maíz y nos vamos a acostar. Ese es nuestro horario todas las semanas. Eso es todo. Somos como dos compañeros de cuarto viviendo en la misma casa. No sucede nada entre los dos. No siento ningún amor de parte suya. No hay cariño, no hay emoción, todo es vacío, todo es muerto. No creo que pueda soportar esto por mucho tiempo más.

Jean lloraba. Le pasé un pañuelo de papel y miré a Norm. Su primer comentario fue:

—No la entiendo.

Después de una breve pausa continuó:

—He hecho todo lo que puedo para demostrarle que la amo, especialmente en estos últimos dos o tres años, desde que se ha quejado tanto. Parece que de nada sirve. No importa lo que haga, ella sigue quejándose de no sentirse amada. No sé qué más hacer.

Podría decir que Norm estaba frustrado y enojado. Le pregunté:

—¿Qué ha hecho para mostrar su amor a Jean?

—Bueno, una cosa —dijo—, llego a casa del trabajo antes que ella, así que comienzo a preparar la cena todas las noches. En realidad, quiero que sepa la verdad, tengo la cena casi lista cuando ella llega a casa cuatro noches a la semana. La otra noche comemos fuera. Después de la comida, lavo los platos tres noches a la semana. La otra noche tengo una reunión, pero tres noches lavo los platos después de la comida. Paso la aspiradora a toda la casa porque a ella le duele la espalda. Hago todo el trabajo del jardín porque ella es alérgica al polen. Doblo la ropa cuando sale de la lavadora.

Continuó contándome otras cosas que hacía por Jean. Cuando terminó me preguntó: *¿Qué hace esta mujer?* No había casi nada para que ella hiciera.

Norm continuó:

—Hago todas esas cosas para demostrarle que la amo; aun cuando ella se siente allí y le diga todas esas cosas que ha dicho estos últimos dos o tres años: que no se siente amada, etcétera. No sé qué más puedo hacer por ella.

Cuando miré a Jean, me dijo:

—Doctor Chapman, todo eso está bien, pero quiero que él se siente en el sofá conmigo y me lo diga. Nunca hablamos. No hemos hablado en treinta años. Siempre está

153

lavando los platos, cortando el césped, limpiando. Siempre está haciendo algo. Quiero que se siente en el sofá y me dedique algún tiempo, me mire y hable de nosotros, de nuestras vidas.

Estaba llorando otra vez. Era obvio que su lenguaje principal de amor era «Tiempo de calidad». Lloraba porque necesitaba atención. Quería ser tratada como una persona, no como un objeto. Las ocupaciones de Norm no le permitían ver esa necesidad. Al conversar más adelante con Norm descubrí que él tampoco se sentía amado, pero él no hablaba de eso. Él razonaba:

—Si uno ha estado casado treinta y cinco años y se pagan todas las cuentas y no se discute, qué más se puede hacer?

Eso es lo que pensaba. Pero cuando le pregunté:

—¿Cómo sería una esposa ideal para usted? Si pudiera tener una esposa perfecta, ¿cómo debería ser ella?

Me miró a los ojos por primera vez y preguntó:

—¿Quiere que le diga la verdad?

—Sí —le contesté.

Se sentó en el sofá y cruzó sus brazos. Apareció una gran sonrisa en su cara y dijo:

—He soñado con eso. Un esposa perfecta para mí sería una que llegara a casa por las tardes y me preparara la cena. Yo estaría trabajando en el jardín y ella me llamaría para comer. Después de la comida, ella lavaría los platos. Probablemente le ayudaría algo, pero ella tendría la responsabilidad. Me cosería los botones que le faltan a mis camisas.

Jean no pudo contenerse más. Se volvió a él y le dijo:

—¡No te creo! ¡Me dijiste que te gustaba cocinar!

—No estoy pensando en cocinar —respondió Norm—, pero él me preguntó qué sería lo ideal.

Supe cuál era el lenguaje principal de amor de Norm: «Actos de servicio». ¿Por qué piensa usted que Norm hacía

154

todas esas cosas para Jean? Porque ese era su lenguaje de amor. En su mente, esa era la manera de demostrarle amor: haciendo cosas. El problema era que el «hacer cosas» no era el lenguaje de amor principal de Jean. Para ella no significaba lo que sí hubiera significado para él que ella hubiera hecho esas cosas para él.

Cuando se hizo la luz en la mente de Norm, lo primero que dijo fue:

—¿Por qué alguien no me dijo esto hace treinta años? Me hubiera sentado en el sofá para hablar con ella quince minutos cada noche, en vez de estar haciendo todas esas tareas.

Se volvió a Jean y dijo:

—Por primera vez en mi vida entiendo lo que quieres decir cuando dices que no hablamos. Nunca pude entender eso. Pensé que sí hablábamos. Siempre te pregunté: «¿Dormiste bien?» Pensé que hablábamos, pero ahora entiendo. Tú quieres que nos sentemos en el sofá quince minutos cada noche, que nos miremos el uno al otro y conversemos. Ahora entiendo lo que quieres decir, y ahora sé por qué es tan importante para ti. Es tu lenguaje emocional de amor y comenzaremos esta noche. Te daré quince minutos en el sofá todas las noches por el resto de mi vida, si eso te hace sentir amada.

Jean y Norm regresaron a casa y comenzaron a amarse el uno al otro en los lenguajes de amor correctos. En menos de dos meses estaban en una segunda luna de miel. Me llamaron desde las Bahamas para decirme que se había operado un cambio radical en su matrimonio.

¿Puede renacer el amor en el matrimonio? ¡Por supuesto! La clave es aprender el lenguaje principal de amor de su cónyuge ¡y decidir hablarlo!

❧

CAPÍTULO DOCE

Amar lo que no es digno de amor

Era un hermoso sábado de septiembre. Mi esposa y yo paseábamos por Reynolda Gardens disfrutando de las flores y de las plantas, algunas de las cuales habían sido importadas de diferentes partes del mundo. Los jardines habían sido inicialmente formados por R. J. Reynolds como parte de su propiedad rural. Ahora son parte de la Universidad de Wake Forest. Acabábamos de pasar el jardín de las rosas, cuando de pronto vi a Ann, una mujer a la que había aconsejado dos semanas antes, que venía a nosotros. Caminaba con la mirada baja y parecía meditar profundamente. Cuando la saludé se sorprendió, pero me miró y sonrió. Le presenté a Karolyn y cambiamos saludos. Luego, sin ningún preámbulo, me hizo una de las preguntas más profundas que jamás he oído:

—Doctor Chapman, ¿es posible amar a alguien que se odia?

Sabía que la pregunta surgía de una herida profunda y merecía una respuesta cuidadosa. Tenía una cita para hablar con ella la siguiente semana, así que le dije:

—Ann, esa es una de las preguntas más difíciles que he oído. ¿Por qué no hablamos sobre eso la próxima semana?

Aceptó, y Karolyn y yo continuamos nuestro paseo. Pero la pregunta de Ann no se fue. Ya en nuestro auto, de regreso a casa, Karolyn y yo hablamos sobre eso. Recordamos los primeros días de nuestro matrimonio, cuando teníamos a menudo sentimientos de odio. Las palabras de acusación del uno y del otro herían, y a la herida la seguía la ira. La ira se convertía en odio. ¿Cuál era la diferencia en nuestro caso? Ambos sabíamos que teníamos que escoger el amor. Nos dábamos cuenta que si continuábamos con esa actitud destruiríamos nuestro matrimonio. Afortunadamente en el período de un año habíamos aprendido cómo tratar nuestras diferencias sin condenarnos el uno al otro, cómo tomar nuestras decisiones sin destruir nuestra unidad, cómo hacer sugerencias constructivas sin ser demandantes, y cómo hablar el lenguaje principal de amor del otro (muchas de esas conclusiones están en un libro que se publicó anteriormente *Toward a Growing Marriage* (Hacia un matrimonio feliz), publicado por Moody Press). La decisión de escoger el amor se hizo en medio de sentimientos negativos del uno hacia el otro. Cuando comenzamos a hablar el lenguaje principal de amor del otro, los sentimientos negativos de ira y odio desaparecieron.

Nuestra situación, sin embargo, era diferente de la de Ann. Karolyn y yo estuvimos abiertos para aprender y crecer. Supe que el esposo de Ann no estaba en esa actitud. Ella me dijo que la semana anterior le había rogado que fuera para consejería. Le había rogado que leyera un libro o escuchara una cinta sobre el matrimonio. Pero él había rehusado todos los esfuerzos de ella para mejorar. Según ella, su actitud era: «No tengo ningún problema, tú eres quien los tienes». En su mente, él estaba bien y ella estaba mal —así de simple. Los sentimientos de amor de la mujer habían muerto con los años, por la crítica constante y la condenación de su esposo. Después de diez años de matrimonio, su energía emocional estaba agotada y su autoestima casi destruida. ¿Había esperanza para el matrimonio de Ann? ¿Podría amar a un marido que no era digno de ser amado?

Supe que Ann era una persona profundamente religiosa y que asistía a la iglesia con regularidad. Me figuré que posiblemente la única esperanza de supervivencia marital estaba en su fe. Al siguiente día, pensando en Ann, leí el relato de Lucas sobre la vida de Cristo. Siempre admiré los escritos de Lucas porque era un médico que daba atención a los detalles, y en el primer siglo escribió un relato ordenado de las enseñanzas y de la vida de Jesús de Nazaret. En lo que muchos han llamado el más grande sermón de Jesús, leí las siguientes palabras, a las que llamo el más grande desafío de amor:

> Pero a vosotros los que oís, os digo: amad a vuestros enemigos, haced bien a los que os aborrecen; bendecid a los que os maldicen y orad por los que os calumnian .... Y como queréis que hagan los hombres con vosotros, así también haced vosotros con ellos. Porque si amáis a los que os aman, ¿qué mérito tenéis? Porque también los pecadores aman a los que los aman.[1]

Me pareció que ese profundo desafío escrito hace casi dos mil años pudiera ser la dirección que Ann buscaba. Pero, ¿podría ella cumplirlo? ¿Podría alguien hacerlo? ¿Es posible amar a un cónyuge que se ha convertido en su enemigo? ¿Es posible amar a alguien que lo ha maldecido, maltratado y demostrado sentimientos de antipatía y odio? Si ella podría hacerlo, ¿habría alguna retribución? ¿Cambiaría alguna vez su esposo, y le expresaría amor y cariño? Me sorprendieron las palabras que siguen en este antiguo sermón:

> *Dad, y se os dará, medida buena, apretada, reme-*
> *cida y rebosando darán en vuestro regazo; porque*
> *con la misma medida que medís, os volverán a*
> *medir.*[2]

¿Podría ese antiguo principio, de amar a la persona que no es digna de amar, dar resultado en un matrimonio casi destruido como el de Ann? Decidí hacer un experimento. Tomaría como mi hipótesis que si Ann podría aprender el lenguaje principal de amor de su esposo y hablarlo por un tiempo, de manera que su necesidad emocional de amor fuera suplida, con el tiempo él le retribuiría y le expresaría amor también. En mi interior me preguntaba: ¿*Funcionaría?*

Me reuní con Ann la siguiente semana y la escuché nuevamente, mientras me contaba los horrores de su matrimonio. Al final de su sinopsis, repitió la pregunta que me había hecho en Reynolda Gardens. Esta vez la puso en forma de una afirmación:

—Doctor Chapman, no sé si alguna vez podré amarlo, después de todo lo que me ha hecho.

—¿Ha hablado de su situación con alguno de sus amigos? —pregunté.

—Con dos de mis amigas más íntimas —dijo—, y un poco con otras personas.

—¿Y cuál fue su respuesta?

—Que me fuera —dijo—. Todos me dijeron que me fuera, que él nunca cambiaría, y que lo único que estaba haciendo era prolongar mi agonía. Pero, doctor Chapman, yo no puedo hacer eso, tal vez debería hacerlo, pero no puedo creer que eso sea lo correcto.

—Me parece que usted está atrapada entre sus creencias religiosas y morales, las cuales le dicen que está mal abandonar su matrimonio, y su dolor emocional, lo cual le dice que salir es la única manera de sobrevivir —dije.

—Eso es exactamente lo que sucede, doctor Chapman. Eso es exactamente lo que siento. No sé qué hacer.

> *Cuando el tanque emocional no está lleno... no sentimos amor hacia nuestro cónyuge, sino que simplemente experimentamos vacío y dolor.*

—Me identifico completamente con su lucha —continué—. Usted está en una situación muy difícil. Quisiera poder ofrecerle una respuesta fácil. Desgraciadamente no puedo. Las dos alternativas que mencioné, irse o quedarse, probablemente le producirán mucho dolor. Antes que haga una decisión tengo una idea. No estoy seguro de que dará resultado, pero me gustaría intentarlo. Sé, por lo que usted me ha dicho, que su fe religiosa es importante y que tiene mucho respeto por las enseñanzas de Jesús.

Movió su cabeza afirmativamente. Yo continué:

—Quiero leer algo que Jesús dijo una vez, que tiene una aplicación para su matrimonio. Leí lenta y calmadamente:

Pero a vosotros los que oís, os digo: amad a vuestro enemigos, haced bien a los que os aborrecen; bendecid a los que os maldicen y orad por los que os calumnian.... Y como queréis que hagan los hombres con vosotros, así también haced vosotros con ellos. Porque si amáis a los que os aman, ¿qué mérito tenéis? Porque también los pecadores aman a los que los aman.

—¿No se aplica esto a su esposo? ¿No la ha tratado él como a una enemiga, antes que como a una amiga? —inquirí.

Movió su cabeza afirmativamente.

—¿La ha maldecido?

—Muchas veces.

—¿La ha maltratado?

—A menudo.

—¿Y le ha dicho que la odia?

—Sí.

—Ann, si usted quiere, me gustaría hacer un experimento. Me gustaría ver qué pasaría si aplicáramos estos principios a su matrimonio. Permítame explicarle lo que quiero decir.

Entonces le expliqué el concepto del tanque emocional y el hecho de que cuando el tanque está bajo, como el suyo, no sentimos amor hacia el cónyuge sino simplemente vacío y dolor. Puesto que el amor es una necesidad emocional profunda, la falta de amor causa el dolor más profundo. Le dije que si pudiéramos aprender a hablar el lenguaje principal de amor del otro, esa necesidad emocional podría ser suplida y los sentimientos positivos podrían ser engendrados nuevamente.

—¿Tiene algún sentido para usted? —pregunté.

—Doctor Chapman, usted ha descrito mi vida. Nunca la he visto tan clara antes. Nos queríamos antes de casarnos, pero no mucho tiempo después del matrimonio desapareció la emoción del enamoramiento y nunca aprendimos a hablar el lenguaje de amor del otro. Mi tanque ha estado vacío por años y estoy segura de que el suyo también. Si hubiera entendido este concepto antes, tal vez nada de esto hubiera pasado.

—No podemos volver atrás, Ann —le dije—. Todo lo que podemos hacer es tratar de forjar un futuro diferente. Me gustaría proponer un experimento de seis meses.

—Probaré cualquier cosa —dijo Ann.

Me gustó su espíritu positivo, pero no estaba seguro si ella entendió lo difícil que sería el experimento.

—Comencemos por fijar nuestro objetivo —dije—. Si en seis meses usted pudiera lograr su más profundo deseo, ¿cuál sería este?

Ann permaneció en silencio por un rato. Entonces dijo con toda convicción:

—Me gustaría ver que Glenn me ama de nuevo y me expresa su amor pasando tiempo conmigo. Me gustaría vernos haciendo cosas juntos, yendo a diferentes lugares juntos. Me gustaría verlo interesado en mi mundo. Me gustaría vernos conversando cuando vamos a comer en algún lugar. Me gustaría que me escuchara, sentir que valora mis ideas. Me gustaría vernos viajando juntos y pasándolo bien nuevamente, saber que valora nuestro matrimonio más que cualquier cosa.

Ann hizo una pausa y luego continuó:

—De mi parte me gustaría sentir cariño y tener sentimientos positivos hacia él otra vez. Me gustaría volver a respetarlo, estar orgullosa de él. Por ahora no tengo esos sentimientos.

Mientras Ann hablaba, yo escribía. Cuando terminó de hablar le leí lo que había dicho.

—Eso suena como un objetivo poco noble —dije—, pero, ¿eso es realmente lo que quiere, Ann?

—Ahora mismo, eso suena como un objetivo imposible, doctor Chapman —respondió Ann—, pero más que otra cosa eso es lo que quisiera ver.

—Entonces, pongámonos de acuerdo —dije—. Ese será nuestro objetivo. En seis meses, queremos ver que usted y Glenn tengan esta clase de relación amorosa. Ahora, permítame sugerir una hipótesis. El propósito de nuestro experimento es probar si mi hipótesis es verdadera o no. Supongamos que si usted pudiera hablar el lenguaje principal de amor de Glenn en forma permanente por un período de seis meses. Eso, de alguna manera, podría satisfacer la necesidad emocional de él y llenar su tanque de amor, entonces él comenzaría a darle amor a usted. Esa hipótesis se basa en la idea de que la necesidad de amor es nuestra más profunda necesidad emocional, y cuando esa necesidad se satisface, respondemos positivamente a la persona que ha hecho posible eso.

Proseguí:

—Usted comprenderá que esa hipótesis coloca toda la incitativa en sus manos. Glenn no está tratando de arreglar las cosas en el matrimonio. Usted es la que está tratando. La hipótesis dice que si usted canaliza sus energías en la dirección correcta, hay una buena posibilidad de que Glenn le retribuya.

Leí la otra porción de Jesús relatada por Lucas, el médico:

Dad y se os dará; medida buena, apretada, remecida y rebosando darán en vuestro regazo; porque con la misma medida con que medís, os volverán a medir.

Según entiendo, Jesús está estableciendo un principio, no una manera de manipular a las personas. Generalmente hablando, si somos amables y cariñosos con las personas, ellas serán amables y cariñosas con nosotros. Eso no significa que podemos hacer bondadosa a una persona solamente siendo bondadosos con ella. Somos agentes independientes. Así que podemos desdeñar el amor y alejarnos del amor, o aun escupir en la cara del amor. No hay garantía de que Glenn responderá a sus actos de amor. Solamente podemos decir que hay una buena posibilidad de que lo haga. (Un consejero nunca puede predecir con absoluta certeza la conducta humana. Basado en investigaciones y estudios personales, un consejero únicamente puede predecir cómo una persona *probablemente* va a responder en una situación dada.)

Una vez que convinimos en la hipótesis, le dije:

—Ahora hablemos del lenguaje principal de amor suyo y de Glenn. Por lo que usted ya me ha dicho, supongo que el «Tiempo de calidad» es su lenguaje principal de amor. ¿Qué cree usted?

—Creo que es así, doctor Chapman. Al principio, cuando pasábamos mucho tiempo juntos y Glenn me escuchaba, hablábamos por horas y hacíamos muchas cosas juntos. Me sentía amada en verdad. Deseo más que cualquier cosa que vuelva esa parte de nuestro matrimonio. Cuando empleamos el tiempo en estar juntos, siento que me ama; pero cuando está siempre haciendo otras cosas y nunca tiene tiempo para conversar ni para hacer nada conmigo, siento que los negocios y las otras cosas son más importantes que nuestra relación.

—¿Y cuál cree que es el lenguaje principal de amor de Glenn —pregunté.

—Creo que es el «Toque físico», y especialmente el aspecto sexual del matrimonio. Sé que cuando me sentí más amada por él, y fuimos más sexualmente activos, tuvo una diferente actitud. Creo que ese es su lenguaje principal de amor, doctor Chapman.

—¿Se queja alguna vez de la manera en que usted le habla?

—Bueno, dice que lo regaño todo el tiempo. También dice que no lo apoyo, que siempre estoy contra sus ideas.

—Entonces asumamos que el «Toque físico» es su lenguaje principal de amor, y que las «Palabras de afirmación» vienen a ser como su lenguaje secundario. La razón por la que le sugiero el segundo es porque si él se queja de sus palabras negativas, aparentemente las palabras positivas serían más importantes para él.

Entonces avancé un paso más:

—Ahora, permítame sugerir un plan para probar nuestra hipótesis. ¿Qué pasaría si usted va a su casa y le dice a Glenn: «He pensado en nosotros y quiero ser una mejor esposa para ti. Así que si tienes algunas sugerencias sobre cómo podría ser una mejor esposa, quiero que sepas que estoy lista para escucharlas. Puedes decírmelas ahora o pensar en eso y hacérmelo saber, pero en verdad quisiera lograr ser una mejor esposa». Cualquiera que sea su respuesta, negativa o positiva, simplemente acéptela como una información. Esa declaración inicial le hace saber a él que algo diferente va a suceder en su relación.

»Entonces, basada en lo que usted cree que es su lenguaje principal de amor, que es el «Toque físico», y mi suposición de que su lenguaje secundario de amor pueden ser las «Palabras de afirmación», enfoque su atención en esas dos áreas, por un mes.

»Si Glenn le da una sugerencia de cómo podría ser una mejor esposa, acepte esa información y continúe con su plan. Busque las cosas positivas en la vida de Glenn y hágale una afirmación verbal de esas cosas. Mientras tanto, deje de quejarse. Si quiere quejarse sobre algo, escríbalo en su libreta personal y no diga nada a Glenn durante este mes.

»Comience a tener más iniciativa en el toque físico y la participación en las relaciones sexuales. Sorpréndalo siendo más agresiva, no simplemente respondiendo a sus avances. Fíjese la meta de tener relaciones sexuales por lo menos una vez a la semana las primeras dos semanas y después dos veces en las siguientes dos semanas». Ann me había comentado que ella y Glenn habían tenido coito una o dos veces en los pasados seis meses. Yo pensé que este nuevo plan podría mejorar las cosas rápidamente.

> **M**anifestar sentimientos que no tiene es hipocresía... pero expresar un acto de amor para beneficio o agrado de la otra persona, es sencillamente una decisión.

—Caramba, doctor Chapman... ¡Eso va a ser difícil! —dijo Ann—. Me ha sido difícil responderle sexualmente cuando me ignora todo el tiempo. Me he sentido usada antes que amada en nuestros encuentros sexuales. Actúa como si yo no tuviera ninguna importancia todo el resto del tiempo y luego quiere saltar a la cama y usar mi cuerpo. Eso me ha ofendido y creo que es la razón para que no hayamos tenido sexo muy a menudo en los últimos años.

—Su reacción ha sido natural y normal, Ann. Para la mayoría de las esposas, el deseo de tener intimidad sexual con sus esposos es producto de sentirse amadas por ellos. Si se sienten amadas, entonces desean la intimidad sexual. Si no se sienten amadas, probablemente se sienten usadas en el contexto sexual. Por eso es que amar a alguien que no nos ama es muy difícil. Va contra nuestras tendencias naturales. Usted tendrá que utilizar toda su fe en Dios para hacer eso. Tal vez le ayudará leer una vez más el sermón de Jesús sobre el amor a sus enemigos, y pedirle a Dios que le dé poder para practicar las enseñanzas de Jesús.

Podría decir que Ann estaba de acuerdo con todo lo que le decía. Asentía ligeramente con la cabeza, no obstante sus ojos me decían que tenía muchísimas preguntas.

—Pero, doctor Chapman, ¿no es acaso ser hipócrita el expresar el amor sexualmente, cuando una tiene sentimientos negativos hacia la otra persona?

—Tal vez nos ayudaría distinguir entre el amor como un sentimiento y el amor como una acción —dije—. Manifestar sentimientos que no se tienen es hipocresía, y esa falsa comunicación no es la manera de forjar relaciones íntimas. Pero expresar un acto de amor para el beneficio o agrado de otra persona es sencillamente una decisión. Usted no manifiesta que la acción es el resultado de un compromiso emocional profundo. Simplemente decide hacer algo para beneficio del otro. Creo que eso debe ser lo que Jesús quiso decir. Ciertamente no tenemos sentimientos de amor hacia las personas que nos odian. Eso sería anormal. Pero podemos hacer actos de amor para ellos.

Mi respuesta pareció satisfacer a Ann, por lo menos por el momento. Sentí que debíamos hablar de eso otra vez. También sentí que si el experimento daba resultado, sería por la profunda fe en Dios que Ana tenía.

—Después del primer mes —dije—, quiero que le pregunte a Glenn cómo está desempeñándose usted. En sus propias palabras, pregúntele: «Glenn, ¿recuerdas que hace unas semanas te dije que iba a tratar de ser una mejor esposa? Quiero preguntarte si piensas que estoy lográndolo». Cualquier cosa que Glenn diga, acéptelo como información. Puede ser sarcástico, displicente u hostil, o a lo mejor positivo. Cualquiera que sea su respuesta, no discuta sino acéptela, y asegúrele que está hablando en serio, y que en verdad quiere ser una mejor esposa, y que si tiene sugerencias adicionales, usted está lista para escucharlas. Continúe con este sistema de pedirle su opinión una vez al mes, por seis meses. Cuando Glenn le dé la primera opinión positiva, cuando le diga: «Tengo que admitir que cuando me dijiste que procurarías ser mejor me reí mucho, pero veo que las cosas han cambiado», entonces sabrá que sus esfuerzos están tocándolo emocionalmente. Puede darle opiniones positivas después del primer mes, o del segundo, o del tercero. Una semana después de que usted reciba la primera opinión positiva, quiero que le haga una petición: algo que usted quisiera que él haga, algo que tenga que ver con su lenguaje principal de amor. Por ejemplo, puede decirle una noche: «Glenn, ¿sabes lo que quisiera hacer? ¿Recuerdas cuando jugábamos cartas juntos? Me gustaría jugar cartas contigo el jueves por la noche. Los chicos van a quedarse donde Mary. ¿Crees que sería posible?» Pida algo específico, no algo general. No diga: «Quiero que pasemos más tiempo juntos». Eso es muy vago. ¿Cómo sabrá que eso se ha cumplido? Pero si hace una petición específica, él sabrá exactamente lo que usted quiere, y usted sabrá que cuando lo haga, él habrá decidido hacer algo por usted.

Y continué:

—Hágale una petición específica cada mes. Si lo hace, está bien; si no lo hace, está bien. Pero cuando lo haga, usted sabrá que está respondiendo a sus necesidades. En el proceso usted le está enseñando su lenguaje principal de amor, porque sus peticiones están en concordancia con su lenguaje de amor. Si él decide amarla en su lenguaje principal de amor, sus sentimientos positivos resurgirán. Su tanque emocional se llenará y con el tiempo el matrimonio renacerá.

—Doctor Chapman, haría lo que quiera si eso es lo que va a suceder —dijo Ann.

—Bueno —respondí—. Eso requerirá mucho trabajo difícil, pero creo que vale la pena probar. Estoy personalmente interesado en ver si este experimento da resultado y si nuestra hipótesis es verdadera. Me gustaría reunirme con usted regularmente mientras dure este proceso, tal vez cada dos semanas, y me gustaría llevar un registro de las palabras positivas de afirmación que usted le dice a Glenn cada semana. También me gustaría que me trajera la lista de quejas que usted ha escrito en su libreta personal, sin decírselas a Glenn. Tal vez de las quejas podríamos sacar peticiones específicas para presentárselas a Glenn, lo que ayudará a solucionar algunas de esas frustraciones. Con el tiempo aprenderá cómo enfrentarse con sus frustraciones e irritaciones de una manera constructiva, y usted y Glenn aprenderán cómo arreglar esas irritaciones y conflictos. Pero durante estos seis meses de experimento quiero que las escriba, sin decirle nada a Glenn.

> Tal vez usted necesita un milagro en su propio matrimonio. ¿Por qué no ensayar el experimento de Ann?

Cuando Ann salió creo que ya sabía la respuesta a su pregunta:

«Sí. Es posible amar a alguien a quien se odia».

En los siguientes seis meses, Ann vio un gran cambio en la actitud de Glenn y en su tratamiento hacia ella. El primer mes no lo tomó con seriedad y trató el asunto con ligereza. Pero después del segundo mes le dio una opinión valiosa en relación con sus esfuerzos. En los últimos cuatro meses respondió positivamente a casi todas sus peticiones y sus sentimientos hacia él comenzaron a cambiar drásticamente. Glenn nunca vino para consejería, pero escuchó algunas de mis cintas y habló de ellas con Ann. Animó a Ann a continuar su consejería, cosa que ella hizo por otros tres meses después de nuestro experimento. En la actualidad, Glenn jura a sus amigos que soy un hacedor de milagros. Sé en realidad que el amor es un hacedor de milagros.

Tal vez usted necesite un milagro en su matrimonio. ¿Por qué no ensaya el experimento de Ann? Dígale a su cónyuge que usted ha pensado en su matrimonio y ha decidido hacer lo mejor para llenar sus necesidades. Pídale sugerencias de cómo podría mejorar. Sus sugerencias le darán la pista para descubrir su lenguaje principal de amor. Si no hace sugerencias, averígüelo basándose en las quejas que siempre le ha presentado. Luego, por seis meses concentre su atención en ese lenguaje de amor. Al final de cada mes pida a su cónyuge su opinión de cómo está usted cumpliendo y pídale sugerencias.

Cuando su cónyuge le diga que ve mejoras, espere una semana y hágale una petición específica. La petición debe ser algo que usted quiere que él haga por usted. Si decide hacerlo, usted sabrá que está respondiendo a sus necesidades. Si no honra su petición, continúe amándolo. Tal vez el próximo mes responderá positivamente. Si su cónyuge comienza a hablar su lenguaje de amor al responder a sus peticiones, volverán sus sentimientos positivos hacia él, y con el tiempo su matrimonio renacerá. No puedo garantizar los resultados. Pero muchas personas a quienes he aconsejado han experimentado el milagro del amor.

NOTAS

1. Lucas 6:27-28, 31-32
2. Lucas 6:38

❦

CAPÍTULO TRECE

Los niños y los lenguajes de amor

El concepto de los lenguajes de amor, ¿también se aplica a los niños? Los que asisten a mis seminarios matrimoniales me hacen a menudo esa pregunta. Mi respuesta no calificada es sí. Cuando los niños son pequeños usted no sabe su lenguaje principal de amor. Por eso usted debe emplear los cinco y va a tocar el que es. Si usted observa su conducta va a aprender su lenguaje principal de amor muy pronto.

Bob tiene seis años. Cuando su padre llega a casa del trabajo, Bobby salta sobre sus piernas, se trepa y revuelve el cabello de su padre. ¿Qué es lo que esto le dice a su padre? «Quiero que me acaricies». Él acaricia a su padre porque quiere que lo acaricien a él. El lenguaje principal de amor de Bobby probablemente sea el «Toque físico».

Patrick vive en el departamento contiguo. Tiene cinco años y medio y es compañero de juegos de Bobby. El padre de Patrick, sin embargo, se encuentra con un cuadro diferente cuando llega a casa del trabajo. Patrick le dice alegremente:

—Ven acá papito, quiero enseñarte algo. Ven acá.

Su padre le dice: —Espera un minuto Patrick, quiero leer el periódico.

Patrick sale por un momento pero regresa en quince segundos diciendo:

—Papito, ven a mi cuarto, quiero mostrarte ahora, papito, ven a mi cuarto, quiero mostrarte ahora.

Su padre le dice: —Espera un minuto hijo, déjame terminar de leer.

La madre de Patrick lo llama y él sale corriendo. Su madre le dice que su padre está cansado y que por favor lo deje leer el periódico por uno pocos minutos. Patrick dice:

—Pero mamá, quiero mostrarle lo que hice.

—Ya lo sé —dice su madre—, pero deja que papá lea un poco.

Sesenta segundos después, Patrick regresa donde está su padre y en vez de decir algo salta sobre su periódico riendo. Su padre dice: —Pero ¿qué es lo que haces Patrick?

Patrick dice: —Quiero que vengas a mi cuarto, papito. Quiero mostrarte lo que hice.

¿Qué es lo que pide Patrick? «Tiempo de calidad». Él quiere la atención completa de su padre y no parará hasta que la consiga, aun cuando arme un lío.

Si su niño le entrega regalos, envolviéndolos y dándolos con una mirada picaresca en sus ojos, el lenguaje principal de su niño es probablemente «Recibir regalos». Él le da a usted porque desea recibir. Si observa que su hijo o hija siempre trata de ayudar a un hermano o hermana más pequeño, eso probablemente significa que su lenguaje principal de amor es «Actos de servicio». Si él o ella le dice a menudo cuán bueno es usted o qué buen trabajo hace, esto es un indicador que su lenguaje principal de amor es «Palabras de afirmación».

Todo eso está en el nivel subconsciente del niño. El niño no está pensando conscientemente: «Si les doy un regalo a mis padres ellos me darán un regalo; si los acaricio, me acariciarán», pero su conducta estará motivada por sus propios deseos emocionales. Tal vez aprendió por experiencia que cuando hace o dice ciertas cosas recibe ciertas respuestas de sus padres. De manera que hace o dice lo que llena sus propios deseos emocionales. Si todo va bien y sus deseos son satisfechos, los niños llegarán a ser adultos responsables. Pero si los deseos emocionales no son satisfechos, violarán las normas aceptadas, expresando ira hacia sus padres, quienes no llenaron sus necesidades, y buscarán amor en lugares incorrectos.

P*or qué es que cuando el niño crece, nuestras «Palabras de afirmación» se convierten en palabras de acusación?*

El doctor Ross Campbell, el siquiatra que me habló primero del «tanque» emocional de amor, dice que en los muchos años de tratar a los adolescentes que han tenido problemas sexuales, nunca se ha encontrado con un adolescente cuyas necesidades emocionales hayan sido llenadas por sus padres. Su opinión era que casi todos los problemas sexuales en los adolescentes tienen raíces en un tanque de amor vacío.

¿Ha visto eso en su comunidad? Un adolescente se va de la casa. Los padres agitan sus brazos diciendo: «¿Cómo pudo hacernos esto, después de todo lo que hemos hecho por él?» Pero el adolescente está a cien kilómetros, en la oficina de algún consejero, diciendo: «Mis padres no me quieren. Nunca me han querido. Quieren a mi hermano, pero no me quieren a mí». Los padres, ¿aman a ese muchacho? En la mayoría de los casos, sí. Entonces, ¿cuál es el problema? Probablemente los padres nunca aprendieron cómo comunicar el amor en un lenguaje en que el muchacho pudiera entender.

Tal vez le compraron todas las pelotas de fútbol y bicicletas que él pedía para demostrarle su amor, pero el niño lloraba: «¿Alguien jugará pelota conmigo?» La diferencia entre comprar una pelota y jugar con un niño, puede ser la diferencia que hay entre un tanque de amor vacío y uno lleno. Los padres pueden amar sinceramente a sus hijos, la mayoría lo hacen, pero la sinceridad no es suficiente. Debemos aprender a hablar el lenguaje principal de amor de nuestros hijos si queremos llenar su necesidad de amor.

Miremos los cinco lenguajes del amor en el contexto del amor para los hijos.

Palabras de afirmación

Los padres, por lo general, dicen muchas palabras de afirmación al niño cuando es pequeño. Antes de que el niño entienda la comunicación verbal, los padres dicen: «Qué linda nariz, qué hermosos ojos, qué bonito pelo», etcétera. Cuando los niños comienzan a gatear aplaudimos todos sus movimientos y les damos «Palabras de afirmación». Cuando comienza a caminar y se para sosteniéndose del sofá, nos mantenemos cerca de él y le decimos: «Vamos, vamos, vamos. ¡Eso es! ¡Camina! Muy bien, hijo. ¡Camina!» Cuando el niño da medio paso y cae, ¿qué le decimos? No le decimos: «Eres un tonto, ¿no puedes caminar, acaso?» Más bien le decimos: «¡Muy bien!» Entonces él se levanta e intenta de nuevo.

¿Por qué es que cuando el niño crece nuestras «Palabras de afirmación» se convierten en palabras de acusación? Cuando el niño tiene siete años entramos en su cuarto y le decimos que guarde los juguetes en su lugar. Hay doce juguetes tirados en el piso. Regresamos en cinco minutos y de los doce, siete están en la caja, ¿y qué es lo que decimos? «Te he dicho que guardes esos juguetes. Si no lo haces te voy a...» ¿Qué decimos de los siete juguetes que están guardados? ¿Por qué no decimos: «Muy bien Johnny, guardaste siete juguetes en la caja. Qué bueno». ¡Los otros cinco probablemente saltarían dentro de la caja! Cuando crece, seguimos condenándolo por sus fracasos antes que felicitarlo por sus logros. Para un niño cuyo lenguaje principal de amor es «Palabras de afirmación» nuestras palabras negativas, críticas o degradantes producen terror en su *psiquis*. Cientos de adultos de treinta y cinco años guardan todavía las palabras de acusación que les dijeron veinte años atrás, y están resonando aún en sus oídos: «Estás muy gordo; nadie se enamorará de ti». «No eres bueno para los estudios. Mejor deberías salir de la escuela». «No puedo creer que seas tan tonto». «Eres un irresponsable y nunca servirás para nada». Los adultos tienen dificultades con su autoestima y no se sienten queridos, cuando su lenguaje principal de amor es violado de esa manera.

Tiempo de calidad

Tiempo de calidad significa dar a un niño atención completa. Para el niño pequeño significa sentarse en el piso y jugar con él. Hablamos de jugar con autos pequeños o muñecas. Hablamos de jugar en los castillos de arena, haciendo castillos, entrando en su mundo, haciendo cosas con él. Usted puede estar en las computadoras como adulto, pero su niño vive en un mundo de niño. Usted tiene que bajarse al nivel de su niño si quiere dirigirlo más tarde en el mundo de los adultos.

Cuando el niño crece y desarrolla nuevos intereses, usted tiene que meterse en esos intereses si quiere llenar sus necesidades. Si está metido en baloncesto, interésese en baloncesto, juegue baloncesto con él, llévelo a partidos de baloncesto. Si le gusta el piano, tal vez debería participar de una lección de piano o escuchar con toda atención una parte de su práctica. Dar a su hijo una atención completa demuestra que a usted le importa, que usted disfruta de estar con él.

Muchos adultos, mirando retrospectivamente a su niñez, no recuerdan mucho lo que sus padres dijeron, pero sí lo que sus padres hicieron. Un adulto dijo: «Recuerdo que mi padre nunca se perdió uno de mis partidos en la escuela. Sabía que estaba interesado en lo que hacía». Para ese adulto el «Tiempo de calidad» era un comunicador de amor muy importante.

Si el «Tiempo de calidad» es el lenguaje principal de amor de su hijo y usted habla ese lenguaje, él le permitirá pasar tiempo de calidad con él aun en los años de la adolescencia. Si no le da tiempo de calidad en los años más jóvenes, probablemente buscará la atención de los compañeros en los años de la adolescencia, alejándose de los padres, y quienes a lo mejor en esa época quieren desesperadamente tener más tiempo con sus hijos.

Recibir regalos

Muchos padres y abuelos hablan el lenguaje de los regalos de manera excesiva. Cuando uno visita las tiendas de juguetes se pregunta si los padres creen que ese es el único lenguaje de amor. Si los padres tienen dinero tratan de comprar excelentes regalos para sus hijos. Algunos padres creen que esa es la mejor manera de demostrar el amor. Algunos padres tratan de hacer por sus hijos lo que sus padres no pudieron hacer por ellos. Les compran cosas que hubieran querido tener cuando niños, pero a menos que sean el lenguaje principal de amor del niño, los regalos pueden significar muy poco emocionalmente para el hijo. Los padres tienen buenas intenciones, pero no llenan las necesidades emocionales del niño dándoles regalos.

Si los regalos que usted le da pronto son dejados de lado, si el niño rara vez dice «gracias», si al niño no le importan los regalos que le han dado, si el niño no aprecia esos regalos, posiblemente el «Recibir regalos» no es su lenguaje principal de amor. Si, por otro lado, su niño responde agradeciendo efusivamente, si muestra a otros el regalo, si les cuenta lo maravilloso que es usted por comprarlo, si le importa el regalo, si lo pone en un lugar prominente de su cuarto y lo mantiene relumbrante, si juega con él a menudo más de la cuenta, entonces tal vez ese sea su lenguaje principal de amor.

¿Qué pasa si tiene un niño para quien «Recibir regalos» es su lenguaje principal de amor y usted no puede comprarle muchos? Recuerde, no es la calidad o costo del regalo; «es la intención la que cuenta». Muchos regalos pueden ser hechos manualmente, y muchas veces el niño aprecia ese regalo más que uno fabricado y caro. En realidad, los niños más tiernos juegan más con la caja que con el regalo que viene en ella. También puede hallar regalos descartados y arreglarlos. El proceso de arreglar uno puede ser un proceso tanto para el padre como para el hijo. Usted no necesita mucho dinero para dar regalos a sus hijos.

Actos de servicio

Cuando los niños son pequeños, los padres están continuamente haciendo «Actos de servicio» para ellos. Si no lo hacen, el niño moriría. Bañarlo, alimentarlo, vestirlo, todo requiere mucho trabajo en los primeros años de la vida del niño. Luego viene el cocinar, lavar y planchar. Luego viene el prepararle el almuerzo, el llamar un taxi para él y el ayudarlo con las tareas escolares. Esas cosas son tomadas como naturales por muchos hijos, pero para otros esas cosas comunican amor.

Observe a sus niños. Mire cómo expresan su amor a otros. Esa es una pista para descubrir su lenguaje de amor.

Si su niño expresa a menudo aprecio por actos comunes de servicio, esa es una pista de que éstos son emocionalmente importantes para él. Sus actos de servicio comunican amor de una manera significativa. Cuando usted le ayuda en una investigación científica, eso significa más que una buena calificación. Significa: «Mis padres me aman». Cuando usted arregla una bicicleta hace más que ponerlo otra vez sobre ella, usted lo envía con un tanque lleno. Si su niño se ofrece constantemente a ayudarle en su trabajo, probablemente significa que esa es una manera de expresar amor y los «Actos de servicio» constituyen su principal lenguaje de amor.

Toque físico

Siempre hemos sabido que el «Toque físico» es un comunicador emocional para los niños. Las investigaciones demuestran que los bebés que son tomados en los brazos son más desarrollados emocionalmente que los que no son tomados en los brazos. En forma natural, muchos padres y otros adultos toman a un infante, lo sostienen en brazos, lo aprietan, lo besan, lo estrechan y les dicen palabras de cariño. Mucho antes de que el niño entienda el significado de la palabra *amor*, él se siente amado. Abrazarlo, besarlo, acariciarlo, tomarle de las manos, son maneras de comunicar amor a un niño. Abrazar y besar a un adolescente es diferente de abrazar y besar a un infante. Un adolescente tal vez no aprecie tal conducta en la presencia de sus compañeros, pero eso no significa que no quiera ser acariciado, especialmente si ese es su lenguaje principal de amor.

Si su hijo adolescente lo sigue, le toma de los brazos, se reclina ligeramente en usted, le toma del tobillo cuando camina por la habitación, haciéndolo trastabillar, eso indica que el «Toque físico» es importante para él.

Observe a sus hijos, mire cómo expresan su amor a otros. Eso es una pista para descubrir su lenguaje de amor. Vea cuáles son las cosas que aprecian más. Probablemente esos son indicadores de su lenguaje principal de amor.

El lenguaje de amor de nuestra hija es «Calidad de tiempo». Cuando era niña paseábamos juntos. Durante sus años escolares, cuando asistía a Salem Academy, una de las academias para niñas más antigua del país, dábamos paseos por los alrededores de Old Salem. Los moravos han restaurado la aldea, la cual tiene más de doscientos años. Caminar por sus calles de piedra es algo que le hace a uno recordar tiempos más sencillos. Pasear por el antiguo cementerio le da un sentimiento de comprensión de la vida y de la muerte. En esos tiempos caminábamos tres tardes a la semana y hablábamos largamente en ese ambiente solemne. Ahora ella es médico, pero cuando viene a casa, casi siempre dice: «¿Quieres dar un paseo, papá?» Nunca he rechazado su invitación.

Mi hijo nunca caminaba conmigo. Él decía: «¡Caminar es una tontería! No se va a ninguna parte. Si quieres ir a algún lugar, anda en auto».

El «Tiempo de calidad» no era su lenguaje principal de amor. Como padres, a menudo tratamos de poner a todos nuestros hijos en el mismo molde. Vamos a conferencias para padres, leemos algunos libros sobre padres, aprendemos nuevas y hermosas ideas sobre el ser padres, y al volver a casa queremos practicar eso con cada hijo. El problema es que cada uno de ellos es diferente, y lo que comunica amor a uno no lo hace con el otro. Obligar a un niño a dar un paseo con usted para que puedan pasar un tiempo de calidad juntos no comunica amor. Debemos aprender a hablar el lenguaje de nuestros hijos si queremos que se sientan amados.

Creo que la mayoría de los padres aman sinceramente a sus hijos. Creo también que miles de padres han fallado en comunicar amor en el lenguaje apropiado, y miles de niños en este país viven con un tanque emocional vacío. Creo que la mayor parte del mal comportamiento de niños y adolescentes se origina en tanques de amor vacíos.

Nunca es muy tarde para expresar amor. Si usted tiene hijos grandes y se da cuenta que ha hablado el lenguaje de amor equivocado, ¿por qué no se los dice? «He leído un libro sobre cómo expresar el amor y comprendo que no te he expresado mi amor de la mejor manera. He tratado de demostrarte mi amor por medio de_____ , pero ahora me doy cuenta que probablemente no te he comunicado amor de esa forma, porque tu lenguaje de amor es probablemente diferente. Creo que tu lenguaje de amor es_____. En verdad te amo y espero que en el futuro pueda expresártelo de mejor manera». A lo mejor quiera explicarle los cinco lenguajes del amor y hablar de su lenguaje de amor y también del lenguaje de amor de sus otros hijos.

Tal vez no se siente amado por sus hijos mayores. Si son lo suficientemente grandes para entender el concepto de los lenguajes del amor, su explicación abrirá sus ojos. Se sorprenderá de su deseo de comenzar a hablar su lenguaje de amor, y si lo hacen, se sorprenderá al ver que sus sentimientos y actitudes hacia ellos cambian. Cuando los miembros de la familia hablen el lenguaje principal de amor de cada uno de los demás, el ambiente emocional de la familia mejorará grandemente.

❧

CAPÍTULO CATORCE

Una palabra personal

En el Capítulo dos dije que «entender los cinco lenguajes principales del amor y aprender el idioma principal de amor del cónyuge puede afectar radicalmente su conducta». Ahora pregunto: «¿Qué piensa usted?» Después de leer estas páginas, entrar y salir de las vidas de muchas parejas, visitar pequeños pueblos y grandes ciudades, sentarse conmigo en la oficina de consejería y hablar con las personas en los restaurantes, ¿qué piensa? ¿Podrían estos conceptos alterar radicalmente el ambiente emocional de su matrimonio? ¿Qué pasó cuando descubrió el idioma principal de amor de su cónyuge y decidió hablarlo constantemente?

Ni usted ni yo podemos responder a esa pregunta hasta que no lo hayamos intentado. Sé que muchas parejas que han oído este concepto en mis seminarios matrimoniales dicen que escoger el amor y expresarlo en el idioma principal de amor de su cónyuge ha producido un cambio muy grande en su matrimonio. Cuando se llena la necesidad de amor, se crea un ambiente donde la pareja puede tratar los demás asuntos de la vida de una manera mucho más productiva.

Cada uno de nosotros llegamos al matrimonio con una diferente personalidad y una diferente historia. Llevamos un equipaje emocional a nuestra relación matrimonial. Llegamos con diferentes expectativas, diferentes métodos de enfrentar las cosas y con diferentes opiniones sobre lo que importa en la vida. En un matrimonio saludable esa variedad de perspectivas debe ser procesada. No necesitamos estar de acuerdo con todo, pero sí necesitamos encontrar una manera de manejar nuestras diferencias, para que éstas no lleguen a causar divisiones. Con tanques de amor vacíos, las parejas tienen la tendencia de entrar en discusiones y separarse, y muchas caen en la violencia física o verbal en sus argumentos. Pero cuando el tanque de amor está lleno creamos un ambiente de amistad, un ambiente que propende al entendimiento, que permite las diferencias y arregla los problemas. Estoy convencido que ninguna área particular del matrimonio afecta al resto de la pareja tanto como la necesidad de amor.

Poder amar, especialmente cuando el cónyuge no lo ama, parece imposible para algunos. Ese amor puede necesitar de todos nuestros recursos espirituales. Hace algunos años, cuando tuve mis propios conflictos matrimoniales, redescubrí mi necesidad de Dios. Como antropólogo había sido preparado para examinar las informaciones, por lo que decidí excavar las raíces de la fe cristiana. Al examinar los relatos históricos del nacimiento, vida, muerte y resurrección de Cristo, pude ver su muerte como una expresión de amor, y su resurrección como una evidencia profunda de su poder. Me convertí en un verdadero «creyente». Le entregué mi vida y descubrí que Él da la energía espiritual para amar, aun cuando el amor no sea retribuido. Lo animo a hacer su propia investigación de Aquel quien al morir oró por quienes lo mataron: «Padre, perdónalos porque no saben lo que hacen». Esa es la máxima expresión de amor.

La alta tasa de divorcios en nuestro país da testimonio de que miles de parejas han vivido con un tanque emocional de amor vacío. El creciente número de adolescentes que se van de casa y tienen problemas con la ley indica que muchos padres que han querido expresar sinceramente su amor a sus hijos, han hablado el idioma de amor equivocado. Creo que los conceptos de este libro podrían hacer impacto en los matrimonios y familias de nuestra sociedad.

No he escrito este libro como un intento académico de que sea puesto en las bibliotecas de los colegios y universidades, aun cuando espero que los profesores de sociología y sicología lo encuentren útil para cursos sobre matrimonio y vida familiar. Lo he escrito no para los que están estudiando al matrimonio, sino para los que están casados, para los que han experimentado la euforia del enamoramiento, para los que han entrado al matrimonio con nobles sueños de hacerse supremamente felices el uno al otro, pero que en la realidad de la vida diaria están en peligro de perder por completo ese sueño. Es mi esperanza que miles de parejas no solamente redescubran sus sueños sino que encuentren la manera en que esos sueños se hagan realidad.

Sueño en el día cuando el potencial de las parejas casadas de nuestro tiempo pueda ser utilizado para el bien de la humanidad, cuando los esposos y las esposas puedan vivir con tanques emocionales llenos y puedan desarrollar todo su potencial como individuos y parejas. Sueño en el día cuando los niños puedan crecer en hogares llenos de amor y seguridad, cuando puedan desarrollar energías que se canalicen más que para buscar por todas partes el amor que no recibieron en el hogar. Es mi deseo que este pequeño volumen pueda encender la llama del amor en su matrimonio y en los matrimonios de miles de otras parejas como la suya.

Si fuera posible quisiera entregar personalmente este libro a cada pareja y decirle: «Lo escribí para ustedes. Espero que cambie sus vidas. Si eso ocurre, déselo a alguien más». Puesto que no puedo hacer eso, me agradaría que usted diera una copia de este libro a su familia, a sus hermanos y hermanas, a sus hijos casados, a sus empleados, a los de su club, iglesia o sinagoga. Es posible que juntos veamos nuestro sueño hacerse realidad.